대체불가
라틴아메리카

대체불가
라틴아메리카

장재준 지음

박남옥, 장복석, 이금연, 세 분께 이 책을 바칩니다.

머리말
Prologue

"

자연으로부터 축복 받은 라틴아메리카는 왜 역사로부터 저주를 받았을까? 카리브해의 해적들은 왜 하필 럼에 탐닉했을까? 왜 아스텍의 창녀들은 껌을 씹었고, 안데스 원주민들은 코카 잎을 씹었으며, 식민지 멕시코의 귀부인들과 수녀들은 초콜릿 음료를 숭늉처럼 마셔댔을까? 왜 멕시코의 치아파스 원주민들은 3리터짜리 콜라를 요구르트처럼 마셔댈까? 왜 콜라병을 숭배하고 콜라를 제주祭酒로 사용할까? 골퍼들이 칠레산 와인 '1865'에 환호하는 이유는 대체 뭘까? 프로축구 수원삼성 서포터스는 대관절 무슨 생각으로 체 게바라 깃발을 흔드는 걸까? 드라마 〈신데렐라 언니〉에서 문근영은 왜 우수아이아에 가고 싶어 했을까? 어째서 허쉬Hershey 초콜릿이 쿠바에 세운 '허쉬 슈거 타운'은 여태 달달하게 기억되는 데 반해, 자동차 왕 헨리 포드가 아마존에 건설한 '고무 플랜테이션 타운'은 디스토피아로 전락했을까? 무슨 곡절이 있기에 은과 천연가스와 리튬의 나라 볼리비아는 해군사령부를 호수에 두는 것일까? 새들은 왜 페루에 가서 죽고, 어떻게 조류의 배설물이 중남미 지도를 바꿔놨을까? 파라과이는 또 무슨 이유 때문에 그토록 2010년 남아공 월드컵 8강에 열광했을까? 도대체 누가 아이티를 저토록 처참한 '재해 지역'으로 만들었을까? 정말이지 좁힐 수 없는 다리 사이의 거리 때문에 탱고는 에로틱한 걸까? 코카로 만든 음료수 코카코야Cocacolla는 잉카 콜라Inca Kola 보다 확실히 몸에 더 이로울까? 화려한 서아프리카형 골반문화로 발산되는 쿠바의 낙천성은 그저 어금니 깨문 자들의 이빨 빠진 웃음에 불과할까?

"

이 책은 원래 이런 질문들로부터 시작됐다. 33개국, 6억을 웃도는 인구, 남북의 길이만 부산에서 베를린까지에 해당하는 1만2,000㎞의 광대한 라틴아메리카. 여러모로 다채롭고 풍요롭기 '짝이 없는' 곳이기에 욕심을 부릴 수도 없고, 그럴 깜냥도 안 되지만, 애초에 품었던 질문들에도 다 답하지 못하고 서문을 써야하는 상황이라 맘이 편치 않다. 감탄사와 느낌표로 채워질 라틴아메리카 관련 주제와 소재는 차고 넘치지만 글들 대부분이 물음표로 시작해서 물음표로 끝나는 것 같아 그 또한 맘에 걸린다. 앞으로 한참을 더 저 물음표들에 매달려야 할 것 같다.

일부 글은 이미 다른 지면에 발표된 것을 추리고 다듬었음을 미리 밝힌다. 돌이켜보면 주위 사람들에게 빚진 게 많다. 일일이 말하지 않음으로써 가슴에 새긴다. 이 책의 출판과 관련해서는, 멋진 일러스트로 글 사이 이음매를 잘 메워준 스튜디오 밤부Studio Bamboo에게 감사드린다. 특히나 '불타는 인내심ardiente paciencia'을 보여주신 우석균·손지영 교수 부부와 출판사 박선영 대표님께도 감사의 뜻을 전한다. 먼저 떠난 송종호, 박광일, 윤기환, 이 세 명에게 이 책의 출간을 알린다. 끝으로 대구에 있는 가족에게 감사한다. 그들이 있기에 이렇게 살 수 있으니 말이다.

장재준

목차
Contents

머리말 | Prologue 2

제1장 경계_길 위에 핀 꽃
국가의 바깥에 버려진 경계인(질)들 8

달달한 자본주의 12

그래, 우리는 식인종이다! 23

왕실을 뒷배로 거느린 로열해적 29

국경에 매달린 관 38

자유무역이 낳은 보호 장벽: 트럼프와 흉노족 44

천 년의 미소를 머금은 신라 여인과 안데스 사내 52

모체Moche의 후손(?) 폴 고갱에 대한 단상 61

짚신 신고 라틴아메리카로 66

경계인의 시선으로 본 쿠바의 애니깽들 72

제2장 아바나_음악의 섬
웃음도 문화일까 82

피아노에 갇힌 건반 86

가장 낮은 옥타브는 눈물이다 93

누가 그들의 골반을 단속할 수 있을까 101

〈쿠바의 연인〉: 인터뷰, 사이에서 보기Inter-View 109

제3장 혁명_총알처럼 시를 품고

길이 체 게바라를 만들었고 체 게바라는 길이 되었다 130

체 게바라도 걷지 못한 길: 알베르토 그라나도의 'My Way' 137

총알처럼 시를 품고 게릴라와 함께 했던 시인들 142

전사 그리스도에서부터 빳빳한 남근 이미지까지 148

주걱을 든 페트라^{Petra}가 아니라 총을 쥔 페드로^{Pedro} 154

미완을 그린 프리다^{Frida} 159

아멜리아^{Amelia}에서 아멜리오^{Amelio}로 163

아델리타 : 기억과 해석 투쟁 169

판초 비야와 벌거벗은 여자 사이 178

제4장 차스키_발바닥이 날개였던 잉카의 파발꾼

달리는 인간, 호모 쿠란스^{Homo Currans} 188

발바닥으로 이룩한 네트워크 혁명 192

머물 수는 있어도 멈출 수는 없다 198

잉카의 헤르메스 202

잉카의 다기능 복합 센터, 탐보^{Tambo} 207

진흙 문명을 품은 돌의 문명 217

제5장 슈거노믹스_설탕으로 빚은 땅

설탕으로 빚은 섬 224

바다 위의 사탕수수밭, 바베이도스 238

신대륙 발견 & 사탕수수 재배지의 발견 244

햄버거에 조롱당한 음식천국 멕시코 253

여전히, 초콜릿은 쓰다 258

부패하는 화폐, 카카오 머니 273

옥수수 없이는 나라도 없다 277

참고문헌 287

제1장
경계_길 위에 핀 꽃

국가의 바깥에 버려진 경계인(질)들

달달한 자본주의

그래, 우리는 식인종이다!

왕실을 뒷배로 거느린 로열해적

국경에 매달린 관

자유무역이 낳은 보호 장벽: 트럼프와 흉노족

천 년의 미소를 머금은 신라 여인과 안데스 사내

모체Moche의 후손(?) 폴 고갱에 대한 단상

짚신 신고 라틴아메리카로

경계인의 시선으로 본 쿠바의 애니깽들

국가의 바깥에 버려진
경계인(질)들

가만히 바라보고 있노라면,
그가 본 깊은 어둠이 나에게도 보이는 듯하다.
서경식, 『나의 서양미술 순례』中「모래에 묻히는 개」

　멕시코 티후아나의 북부 외곽지역 보르도Bordo에는 뇽고ñongo라고 불리는 굴이나 움막이 독버섯hongo처럼 돋아나고 있다. 거기에서 기거하는 노숙자들의 수가 어림잡아 1,500명에 달한다. 최근에는 그들의 거처가 티후아나 해변 쪽으로까지 확산되는 추세다. 2013~2014년에는 그 수가 무려 4,000~5,000명에 육박하기까지 했다. 지금이나 그때나 돌아갈 곳이 없어 티후아나 시내를 어슬렁거리는 수많은 노숙자들을 제외한 수치가 그렇다. 말 그대로 이들은 '쓰레기가 된 인간들'(지그문트 바우만)이다.

괄호 속에 갇힌
존재들

자본과 국가장치에 의해 포획된 이들 '노마드'
들 대부분은 미국에서 추방된 멕시코계 이주노동
자들이다. 변경에서 월경을 시도했다가 변경으로
내몰린 자들이다. 따지고 보면 세계(화)가 이들을 변경으로 내몰았고,
아이러니하게도 이들은 '세계화의 흐름에 붙잡힌 채' 세계화의 안과 밖
을 적나라하게 드러낸다.

　세계화의 오물이라는 오명을 뒤집어 쓴 채 하루하루 코요테처럼 국
경을 배회하고 있다. 국경과 그 물리적인 국경보다 더 높고 두터운 국
경 너머의 유무형의 각종 벽을 '크로싱Crossing'하고 '패싱Passing'하는 데

는 실패했지만, 개중에는 번듯한 집과 가족과 직장을 국경 너머의 '더 큰 국가'에 남겨둔 이들도 적잖다. 경계를 넘나들며 가장 격렬하게 국경을 몸에 새긴 그들은 티후아나강El rio Tijuana 수로를 따라 '더러운 벽sucio muro'을 형성한 채 '양서류'문화적 양서류'가 아니다!처럼 살아가고 있다. 이 '모호한 인간들'(글로리아 안살두아)은 국경 도시의 미관을 망치고 환경오염을 가중시키는 요인으로 지목된 채, 내일이 없는 어제를 이어살고 있다. 짙은 안개를 기다리며 호시탐탐 월경을 도모하는 이들 경계선의 존재들에게 놓고는 벙커일 수도 있겠으나, 실상은 무덤이나 진배없다.

국경의 덫에 걸려 졸지에 오도 가도 못하는 신세로 전락한 이들 '경계인(질)들'은 괄호 속에 갇힌 존재들이다. 그야말로 국가의 바깥에 버려진 상태다. 생의 막다른 길목에서, 삶과 정체성의 붕괴를 겪으면서, 난민과 국민 사이를 오가며, '이중의 디아스포라'를 살아내고 있다.

대략 80~90%가 마약중독자인 이들 '벌거벗은 생명'들은 경계 이쪽에서(도) '불체자' 신세를 면치 못하고 있다. 정기적으로 지급되는 '콘돔'과 '주사기'가 거의 유일한 '위안'이다. 당장 먹고 살 길도 막막하다. 구걸, 단순 일용직, 소매치기, 강도, 마약 밀매 등이 그들에게 할당된 경계의 생계수단이다. (청부)살인이나 인신매매 비즈니스마저도 국경 이쪽에서는 생계형 범죄로 둔갑한 지경인지라, 각종 범죄의 유혹에 무방비로 노출되어 있다. 특히나 마약을 미끼로 접근하는 멕시코 마약범죄조직에 포섭되어 말단 조직원으로 전락하는 사례는 다반사다. 국경에 기댄 마약 산업의 '손쉬운 먹잇감^{presa fácil}'이다. 미국에서 추방당한 이주노동자들 중에서 노숙자 신세로 전락하는 이들이 10명 가운데 3명꼴이라고 하니, 미-멕 국경은 매우 안정적으로 '마약 노동자'를 배출하는 셈이다.

자조와 저주의 한가운데서, 두고 온 삶과 기막힌 현실 속에서, 흐려지기는커녕 갈수록 뚜렷해지는 국경선상에서, 이들 경계인(질)들은 하루하루 자본주의의 중심부로부터 멀어지고 있다.

추방당한 자의 시선에 어둠이 깊다. 얼굴을 가르는 그늘이 날카롭다. 국경선처럼.

달달한
자본주의

설탕으로 코팅되었던 한 시대가 저물고 있다.
'달리는 박물관'이 멈춰 설 날도 그리 멀지 않아 보인다.

1916년에 쿠바에서 6만5,000에이커에 달하는 사탕수수밭을 매입했던 밀턴 허쉬Milton Hershey는 초콜릿을 통해 달달한 자본주의를 시도했다. 분배와 상생에 기초한 '온정적 자본주의Paternalistic Capitalism'를 실험했다. 영국 초콜릿 산업을 주도했던 퀘이커교 기업들의 주5일제, 연금정책, 민주적 노사관계 등에 필적할 만한 매우 인간적인 원리로 작동하는 초콜릿 공동체를 꿈꿨다.

퀘이커계 초콜릿 기업들이 청교도적인 '엄격한 윤리주의'를 사업 원리로 내세웠다면 허쉬 초콜릿은 온정적 노사관계를 으뜸 원칙으로 삼

았다. 악명 높았던 설탕과 노예(적)노동 간의 악마적 짝짓기와 단절했다. 밀턴 허쉬의 꿈은 남달랐다. 부의 단순한 축적도 노동비용 절감도 이윤 극대화도 아니었다. 그의 가장 큰 욕망은 '타인의 행복One is only happy in proportion as he makes others feel happy'이었다. 정치적·이데올로기적 차이를 무시한다면, 사업가로서의 그의 이런 야망은 프랑스의 누아지엘Noisiel 초콜릿 공장에서 얻은 부富를 발판으로 공상적 사회주의 유토피아를 구축하고자 했던 므니에Emile Justin Menier의 시도와 크게 다르지 않았다.

밀턴 허쉬
(Milton Snavely Hershey, 1857~1945)

밀턴 허쉬가
쿠바로 간 까닭은?
초콜릿을 통해 산업사회의 모순과 자본주의의 부조리를 수정하고자 했던 밀턴 허쉬. 그런 그에게 '착한 자본주의자'라는 환호와 찬사가 쏟아지기도 했지만, 곱지 않은 시선도 늘 따라다녔다. 이상주의자라는 조롱은 물론이거니와 사회주의자라는 비난과 비판도 거셌다. 하지만 크게 개의치 않았다.

세평에 흔들리거나 휘둘리지도 않았고 유토피아 공동체 건설의 꿈도 접지 않았다. 저렴하지만 든든한 식사가 가능한 허쉬 카페테리아Cafeteria를 운영하는 등 사탕수수 노동자들의 처우향상과 복지증진에 투자를 아끼지 않았다. 쿠바의 사탕수수 노동자들에게 정원과 굴뚝이 딸린 최신식 주택을 공급했다. 사탕수수 공동체를 위해 영화관, 약국, 야구장, 골프 코스, 놀이기구 등도 갖췄다. 특히나 사탕수수 노동자 자녀들의 보육과 교육에 남다른 욕심을 드러냈다. 초콜릿 대디Chocolate Daddy

로 통했던 그는 로사리오 제당공장Central Rosario 인근에 고아원을 세워 철도 사고로 숨진 사탕수수 노동자들의 어린 자녀들을 살뜰하게 거뒀다. 초콜릿이 가져다준 '착한 이윤'으로 무료 허쉬 농업학교를 설립, 직업 교육에 각별한 공을 들이는 등 고르게 가난한 쿠바의 농촌 상황을 타개하는 일에 늘 '돈 쓸 궁리'를 했다.

설탕 위에 지은   이처럼 사탕수수를 매개로 산업 유토피아를
쿠바의 허쉬 타운   추구했던 밀턴 허쉬는, 굳이 수식어를 달자면,
                              초콜릿계의 계몽 군주였다. 그가 쿠바의 시엔
푸에고스Cienfuegos에 세웠던 제당공장Central Hershey은 여느 외국계 기업과는 다르게 쿠바의 자원과 노동력을 대놓고 약탈하거나 수탈하지는 않았던 것 같다. 펜실베이니아의 초콜릿 공장과 코카콜라에 거의 30년간이나1916~1946년 질 좋은 설탕을 안정적으로 공급했던 걸로 미루어 짐작건대, 영 밑지는 장사도 아니었던 모양이다. 당시로서는 다분히 몽상적이기까지 했던 쿠바의 사탕수수 노동자들을 위한 '허쉬 슈거 타운'은 확실히 자본의 논리를 거스르며 시대를 앞서갔다. 설탕산업이 야기한 당뇨병보다 더 고질병이었던 '생산자와 소비자 사이의 잔인한 간극'을 좁히는 데 나름 일조했다. 허쉬 모델 타운은 1920~1940년대 평범한 쿠바의 사탕수수 노동자들의 생활여건과 비교하면 거의 초호화 리조트를 방불케 할 정도였다.

밀턴 허쉬의 이러한 시도는 얼핏 보기에 자동차 왕 헨리 포드^{Henry Ford}를 연상시키기도 한다.

**포드 자동차가
아마존으로 간 까닭은?**　　1930년대 초반에 헨리 포드가 미국 중서부 지역의 자동차 공장을 복제해서 아마존 정글에 이식했던 대규모 '고무 플랜테이션 타운'을 떠올린다. 아닌 게 아니라, 월등하게 좋은 임금수준과 계약기간은 물론이거니와, 학교와 최첨단 무료 의료·위생서비스¹⁾와 노동자들을 위한 쾌적한 주거환경 및 각종 편의시설 등등, 원재료 공급지를 대상으로 실행된 두 억만장자의 모험에 가까운 실험에는 이처럼 닮은 구석이 적잖았다.

물론 차이도 컸다. 사탕수수 노동자들의 인종을 따지지 않고 국적에 개의치 않았던 밀턴 허쉬와는 대조적으로 '오직 미국식'만을 고집했던 반 유대주의자 헨리 포드[2]. 1916년에 쿠바를 방문한 이래 쿠바와 쿠바인들과 쿠바 문화에 흠뻑 빠져들었던 밀턴 허쉬와는 달리 단 한 번도 아마존에 발을 들여놓지 않았던 헨리 포드. 당연히 결과도 판이했다.

허쉬 초콜릿 타운과는 딴판으로 포드랜디아Fordlandia는 현지의 기후 조건이나 문화적 특성을 도외시한 채 노동시간과 강도를 엄격하게 감독했다. 예컨대 아마존의 기온과 습도와 직사광선을 무시하고 미시간에서처럼 오전 9시에 작업을 시작해서 오후 5시에 종료하는 일과를 그대로 적용했다.

작업 능률이 오를 리 만무했고 노동자들의 불만 또한 이만저만이 아니었다. 태양광에 콩이라도 튀기듯 집집마다 '유리 창문'을 설치해서 노동자들의 쉼터를 가마솥 찜질방으로 만들었다. 아울러 미국적 가치를 앞세우며 서양식 복식服食문화와 라이프스타일을 강제했다. 아마존

---

1) 포드 자동차 회사와 미시간 대학 부속병원을 설계했던 저명한 건축가 앨버트 칸(Albert Kahn)이 직접 이 아마존 병원의 설계를 맡았다.
2) 반 유대주의자라는 '명성'과 나치 연루 의혹에도 불구하고 헨리 포드는 남다른 '민주적 고용정책'도 도입했다. 당시로서는 상당히 이례적으로 장애인, 상이군인, 흑인, 여성, 전과자들을 파격적으로 채용했다. 반면에 허쉬 공동체는 고용 측면에서는 인종차별이 거의 없었으나, 주거지역이나 각종 편의시설의 이용에 있어서는 인종분리 정책을 실행했다.

포드의 아마존 유토피아가 실패한 이유는 한두 가지가 아니다. 잦은 노사 간의 유혈충돌, 준비 부족과 주먹구구식 대응, 필요 물자의 공급과 수송 문제(강이 마르면 물자 운반선을 띄울 수가 없었다), 말라리아와 황열, 합성고무의 등장, 고무나무를 초토화시킨 남미잎마름병(Pseudocercospora ulei) 등이 복합적으로 작용했다. 아마존에 남아 있는 포드랜디아의 흔적은 마치 남극에 방치된 디즈니랜드처럼 기이하고 을씨년스럽기 짝이 없다.

정글에서 구두를 신고 햄버거를 먹어야했던 브라질 원주민들!

노동도 노동이지만 노동 이외의 삶이 더 고역이었다. '포드 고무 시티'는 술과 담배를 불허하고 금욕과 종교^{개신교}를 강요했다. 화려한 서아프리카형 골반문화를 자랑하는 브라질인들에게 미국식 사교춤^{Ballroom Dance}을 강권했다. 심지어는 여가시간이나 사생활까지도 철저하게 규제했다. 성생활을 모니터링하는 것도 모자라 수시로 성병 감염 여부를 조사하기까지 했다. 허리 아래를 집중 단속했기에 미혼 노동자들의 불만과 그로 인한 긴장이 터질 듯 팽팽했다. 정글 한가운데에 말 그대로 거대한 감시와 통제 메커니즘을 조성했다. 고무나무 묘목처럼 '포드형 노동자'를 스파르타 식으로 육성하고자 함이었다. 이렇게 정글 포드주의에 입각해서 유토피아를 조립하려던 포드의 '아마존 어드벤처(길들이기)'는 결국 사창가로 둘러싸인 디스토피아로 전락하고 말았다.

무지와 오만이 야망을 삼켜버렸다. 정글이 모든 것을 삼켜버렸다^{'Se los tragó la selva'}. 허쉬 슈거 타운과는 극히 대조적으로 포드랜디아와 벨테라^{Belterra} 농장은 거의 800만 그루에 육박했던 고무나무 묘목에서 자사 제품에 들어가는 단 한 방울의 라텍스도 건지지 못했다. 자동차 200만 대 분의 천연고무를 생산해서 고무 자급자족을 실현하려던 포드의 야망은 결국 아마존에 굴복했다.

영국과 네덜란드가 장악했던 열대 아시아 고무 플랜테이션 체인망에 의존하지 않고 자체적인 고무 생산 공급망을 확보하려던 포드의 꿈은 백일몽에 그쳤다. 거금 2억 달러를 정글에 파묻어버린 철저한 실패작이었다. '아마존의 하얀 금'은 포드를 철저하게 외면했다. 결국 직원 전용의 9홀 골프장을 포함한 일체의 시설과 부지를 브라질 정부에 25만 달러에 기부하듯 넘기고 포드 자동차는 허쉬 초콜릿보다 1년 앞서 미국으로 철수했다. 거대한 포드랜디아 전용 공동묘지만을 남기고.

　이쯤 되면 이렇게 말할 수도 있겠다. 포드의 이상주의가 전체주의적이고 가부장적인 라텍스 산업자본주의로 변질되고 망각되었다면, 쿠바의 허쉬 초콜릿 공동체는 '온정적 자본주의'를 가능하게 했던 초콜릿 '계몽 공장주'의 선심·선의·박애주의 덕분에 여태 달달하게 기억된다고. 어쩌면 미국의 침략주의가 쿠바에 남긴 거의 유일하게 달달한 기억이라고.

　물론 여기서 반드시 짚고 넘어가야 할 점은 허쉬 타운의 일정한 차이에도 불구하고 그 시절의 쿠바 설탕(과 설탕산업)은 결코 달콤하지만은 않았다는 사실이다. 일찍이 『모두의 노래』에서 파블로 네루다가 갈파했듯이 쿠바는 그야말로 '원당原糖에 저당抵當 잡힌hipotecada con azúcar' 처지였다. 설탕 시세에 자신의 운명을 거는 신세나 진배없었다. 사프라Zafra, 사탕수수의 수확에 맞춰, 미국의 설탕 수입쿼터와 관세[3]에 따라, 정치와 경제가 널뛰기를 하던 사회였다.

　어쨌거나, 1945년에 밀턴 허쉬는 자신의 유일한 해외 보유 자산이었던 쿠바의 허쉬를 포함한 전 재산을 기부하고 요절한 부인 곁으로 돌아갔다. 그의 유지에 따라 철도와 다섯 곳의 제당공장을 비롯한 모든 보유 자산을 3억 달러에 '쿠반-애틀랜틱 슈거 컴퍼니'에 넘기고 쿠바의 허쉬 초콜릿은 1946년에 펜실베이니아로 돌아갔다. 우여곡절 끝에 1957년에는 다시 설탕 왕 홀리오 로보Julio Lobo에게 인수되었다가 쿠바 혁명 직후 국유화되었던 허쉬 제당공장Central Hershey마저 2003년에 가동을 멈췄다.

2000년대 이후 대대적인 설탕산업 다이어트에 돌입한 쿠바는 이제 설탕에 의존하지 않고도 달달해지는 길을 걷고 있다. '설탕이 없으면 나라도 없다sin azúcar no hay pais'던 구호는 그야말로 흘러간 옛 노래가 되었다.

한 시대를 대표했던   이제 남은 것은 오직 떠도는
마스코트 전차의 쓸쓸한 퇴역   헐거워진 기억들과 어느덧 100

---

3) 1902년 미군정 하에 체결된 쿠바-미국 호혜조약(Reciprocity Agreement), 대공황 초기에 악명을 떨쳤던 보호무역법안인 스무트-홀리 관세법(Smoot-Hawley Tariff Act of 1930), 쿼터제를 근간으로 했던 미국의 설탕 산업 보호정책인 존스-코스티간 설탕법(Jones-Costigan Sugar Act of 1934), 그리고 같은 해인 1934년에 발효된 쿠바-미국 호혜통상협정법 등이 그 대표적인 사례이다. 특히나 기존의 고립주의와 보호주의에서 벗어나 자유무역주의로의 회귀를 천명한 1934년의 호혜통상협정법(Reciprocal Trade Agreement Act)은 쿠바 시장에서의 미국산 수입품들에 대한 관세 혜택을 포함하고 있었다. 이러한 미국의 자유무역주의는, 쿠바의 입장에서 따져보면, 취약한 국내 산업을 보호하고 수입대체산업을 육성하기 위해 일부 수입 농축산물(커피, 소고기, 옥수수, 식용유, 통조림 과일 및 채소와 음료 등)에 보호관세를 부과했던 1927년의 수입관세법의 철회 내지는 후퇴를 의미했다.

살에 가까워 기력이 다한 허쉬 전차뿐이다. 쿠바 최초이자 유일한 전차. 한 시대를 대표했던 마스코트 전차. 1920년대에는 펜실베이니아에서 제조된 오리지널 허쉬 전차 17대가 사탕수수밭을 누볐지만, 지금은 달랑 3대만 운행된다. 노동자와 사탕수수를 공장과 항구로 실어 나르던 전차는 이제 관광열차카사블랑카-아바나-마탄사스로 거듭나 현재와 과거를 쓸쓸하게 이어 달리고 있다. 2017년부터는 운행노선을 대폭 축소, 원래 노선의 50%만을 소화하는 상황이지만, 그마저도 이젠 영 힘에 부친다. 차량 노후화 탓에 고장이 잦고 유지 보수비를 감당하기에도 벅차다. 단내 폴폴 나도록 달려도 평균 시속은 고작 20㎞ 남짓.

설탕으로 코팅되었던 한 시대가 저물고 있다. '달리는 박물관'이 멈춰 설 날도 그리 멀지 않아 보인다.

그래, 우리는 식인종이다!
: 문화적 카니발을 위한 매뉴얼

뭐가 야만이고 뭐가 문명인데?
뭐가 미개고 뭐가 안 미개지?
문혜진 시집『질 나쁜 연애』中, 〈야만의 자식들〉

사르징냐Pedro Fernandes Sardinha의 동상. 그는 포르투갈에서 바이아로 파견된 초대 브라질 주교1496~1556였다. 임명 당시에는 높은 인문주의적 소양을 갖춘 성직자로 알려져 현지 예수회 선교사들의 전폭적인 지지를 받았지만, 짧은 재임 기간1552~1556 동안 갖은 추문과 논란에 휩싸였다. 특히나 대토지를 소유하고 집단적인 노예노동을 필요로 했던 현지의 식민지배자들과 결탁, 당시의 브라질 총독1553~1558이던 두아르치 다 코스타Duarte da Costa를 압도할 정도로 부와 권력을 탐식했다.

노골적으로 원주민을 차별하고 그들의 노동력을 착취했던 사실로부

사르징야(Pedro Fernandes Sardinha, 1496~1556)

터 어렵잖게 미루어 짐작할 수 있듯이, 부임 후 그가 보여주었던 원주민에 대한 이해 수준은 '원주민=야만=식인주의자'라는 자동화된-신화화된 등식에서 크게 벗어나지 못했다. 그리하여 식민지 본국으로부터 숱한 원성과 실정의 장본인으로 지목되었으며, 급기야 총독 일가와의 마찰, 저조한 '복음화 및 문명화 사업', 그리고 잦은 원주민 반란의 책임을 물어 포르투갈 국왕은 그를 본국으로 소환했다. 그러나 그는 소명의 기회를 갖지도 못했을 뿐더러 브라질 땅을 영영 벗어나지도 못할 운명에 처했다.

인디오의　　식민지 백인들의 노예 사냥감이었던 원주민들에게 그
심판　　　　만 붙잡히고 만 것이다. 리스본으로 돌아가던 도중에 타
　　　　　　고 있던 배 '노싸 세뇨라 다 아쥬다Nossa Senhora da Ajuda' 호가
난파당하는 불운을 맞았다. 엎친 데 덮친 격으로 일행 90여 명과 함께
브라질 북동부 해안을 표류하다가 하필, 아이러니하게도, 카에테Caeté족
들에게 '발견'당해descubierto 결국 식인잔치의 재물이 되고 말았다. 신의
심판justicia divina을 받기 위해, 이런 표현이 허용된다면, 계몽과 교화와 구
원악마와 야만으로부터의 구원의 대상이던 인디오의 심판justicia india을 먼저 받은
셈이었다. 어쨌거나, 이때가 1556년 7월경이었고, 훗날 시인이자 전위
예술가였던 오스바우지 지 안드라지Oswald de Andrade는 원주민 인디오가
초대 가톨릭 주교를 '먹어치운' 이 사건을 식민주의적 근대화에 역류하
는 문화적 반란과 탈식민주의적 욕망의 미학적 분출로 해석했다. 그 사
건에서 저항적 탈식민주의의 문화적 레시피와 정체성 구성방식을 발
견하고 그 해를 '식인종 선언Manifiesto antropófago(1928)'의 원년으로 선포했다.
계몽과 금지와 터부의 논리가 작동하기 이전의 상태를 부정하지 않고,
길들여지지 않은 사고, 즉 '벌거벗은 이성'의 재고再考를 통해 '우리의
것'이 '야만적인 것bárbaro e nosso'에 뿌리를 대고 있다는 사실을 선뜩하게
공표한 것이다. 달리 말해 반어와 역설, 전복의 상상력을 통해 브라질
의 인식론적, 미학적브라질 모더니즘, 지적, 문화적인 독립을 선포한 것이다.

한 판
씻김굿

서구 사회가 한껏 우려먹었던 식인(민) 문화담론을 도발적으로 전유, 먹히기를 거부하고 먹기를 선언한 이 문화적 식인주의 수사학은 그래서 일종의 두툼한 알레고리고 패러디며 격렬한 암시이자 저돌적인 메타포임에 틀림없다. 결코 식인귀食人鬼의 부활을 역설하는 게 아니다. 오히려 철저하게 다른 맥락에서 다층적인 아이러니와 역설을 야기하기 위한 재전유Reappropriation의 전략이라 할 법하다. (신)식민주의와 서구화를 합리화하고 확대재생산하는 주류적 가치와 담론의 식민성을 뒤틀기 위함이다. 그 식민성을 생산하고 그것과 '상호 구성적Mutually Constitutive' 관계를 유지하는 서구적 근대성을 오히려 토설해내는 제의祭儀로 보인다. 식인종이라는 해묵은 문화적 오명과 오해를 불식시킴과 동시에 얼굴Face이 되어버린 가면이미지을 벗겨내기 위한Unmasking, 자아를 '탈바꿈'시키기 위한 한 판 '씻김굿'에 가깝다. 언뜻 기이하게 들릴 수도 있을 테지만, 일종의 '푸드테라피', 살풀이랄까. 그렇게 보면 이 식인종 선언은 자기 긍정역설적 긍정과 부단한 자기 갱신을 위해 타자'제1세계' 혹은 이방인'구세계'이 갖고 있는 영양가 높은 요소들을 '게걸스럽게' 섭취, 흡수, 소화하자는 일종의 '비판적 포식devoración critica' 선언인 셈이다. 수용과 수혈의 형식을 차용해서 '혈청작용血清作用'의 필요성과 내적 절박함'To be, or not to be'을 '투피Tupi'족의 입을 통해 피력한 것이다. 이를 스튜어트 홀Stuart Hall에 기대어 표현하자면, '창조적 초월'을 겨냥한 '의도적 혼종화' 전략이라고 할 수도 있겠다. 따라서 이는 근대성의 가두리 바깥을 탐문하는 일이고, '문명화 신화'의 마법을 푸는 일종의 대항주술과 흡사하다. 자신을 게워내고 도려내는 동화나 편입이 아니라, 외부를 게걸스럽게 집어삼킴으로써 획득되는 형질 변경, 바로 그것에 대한 욕망을 도발적으로 드러낸 것이라 할 법하다.

쓴소리도 없지 않았다. 근대에서 전근대로의 뒷걸음질, 서구의 이분법적인 사유체계에 여전히 종속, 전통과 이상화된 과거 및 원시적·모계사회적 시원으로의 회귀로 보는 의심의 눈초리도 있었다. 비록 토착인디오와 유럽인의 지극히 유토피아적인 공존, 극단적인 지역주의와 원시주의primitivismo 등의 혐의와 한계로부터 완전히 자유롭지는 않다손 치더라도, 근대적 가치와 문명담론을 이토록 격렬하게 객관화·상대화시키면서 근대성과 식민성을 직격한 경우도 흔치 않을 듯하다.

끝으로, 사르징냐와 관련하여 또 다른 흥미로운 사실은 두스 산투스Nelson Pereira dos Santos가 영화 〈기가 막히게 맛있었던 나의 프랑스인Como era gostoso o meu francês, 1971〉을 구상하던 시기가 그가 그라실리아누 하무스Graciliano Ramos의 동명의 소설을 토대로 〈황폐한 삶Vidas secas, 1963〉을 촬영하던 때와 공교롭게도 일치한다는 것이다. 물론 이를 단지 우연의 일치로만 치부할 수는 없다. 왜냐하면 〈황폐한 삶〉의 촬영지가 주교 사르징냐가 카에테족의 제물이 되었던 바로 그 알라고아스Alagoas 지역인데다 『황폐한 삶』을 출판하기 5년 전에 그라실리아누 하무스가 발표한 소설 또한 우연찮게도 『카에테스Caetés, 1933』기 때문이다. 이렇게 죽었지만 문화적·경

제적·정치적 '식인주의^{식민제국주의}'로부터의 탈 식민적 전환을 증거하는
표식으로 남아 있는 사르징냐는 살아남아서 증인의 권위를 행사했던
한스 슈타덴^{Hans Staden} 못잖게 두스 산투스의 도발적인 식인 영화 〈기가
막히게 맛있었던 나의 프랑스인〉을 살찌우고 있다. 패러디와 풍자에 한
층 더 깊고 풍성한 맛을 보탠다.

왕실을 뒷배로 거느린
로열해적

해군이 아니라 해적이 돼라.
-스티브 잡스-

바베이도스를 포함한 카리브해는 지정학적, 경제적, 군사적 가치가 높아 미국의 '제3의 국경'으로 통한다. 이곳은 아메리카 대서양 연안과 유럽 사이를 오가는 항로의 주요 거점이기도 하다. 베네수엘라와 중동에서 출발한 거대 유조선이 '푸에르토리코, 트리니다드, 큐라소, 바하마, 세인트크루아St. Croix, 아루바 등지에서 정제' 과정을 거치거나 환선하는 곳이기 때문에 전략적 중요성이 대단히 높다. 사실 서구적 근대와 자본주의의 문을 연 곳도 이 카리브였다. 주지하다시피 이미 1492년부터 유럽인들의 인식 지평에 파열구를 낸 곳도 라틴아메리카의 관문으로 통했던 카리브였다. 그때부터 유럽인들의 지리적 상상력을 자극하

며 초미의 관심 지역으로 떠올랐다. 유럽의 골칫덩어리였던 만성적인 동방무역 적자를 벌충하고도 남을 엘도라도로 통하는 길로 알려졌다. 그 즉시 세상을 흥분시켰다.

실제 그 당시 카리브는 진기한 물건과 고가의 화물을 실은 배들로 붐볐다. 약탈적 상업 식민지로 전락한 라틴아메리카에서 거둬들인 막대한 지하 광물자원, 열대산품설탕, 담배, 면화, 카카오 등, 고가의 염료인디고, 코치닐 등이 아바나를 출발해서 멕시코 만류를 타고 이베리아반도로 유입되던 바닷길이었다. 일례로 라틴아메리카의 탁스코Taxco(1534), 포토시Potosi(1545),

사카테카스Zacatecas(1546), 오루로Oruro(1608) 등지에서 대규모 은 광산이 발견된 이후 1580~1610년 사이에만 연평균 대략 250톤의 은이 카리브를 경유해서 스페인으로 유입됐다. 콜럼버스가 도착한 카리브가 '스파이스향료 제도'는 아니었다. 하지만 16세기 중후반에는 아시아로 은이 흘러들어가고 유럽으로 비단·자기·계피·후추·차와 향료가 흘러들던 실크·실버 로드도 개척했다. 마닐라-아카풀코-베라크루스로 이어지는 갤리언 무역이 1565~1815년까지 250년간 필리핀-중국-멕시코-유럽을 유기적으로 거대하게 연결했다. 따라서 카리브는 아시아-태평양 무역과 대서양 무역을 아우르는 해상 운송의 요충지였다.

해적의 바다,　　이렇게 태평양과 아메리카 본토와 유럽을 잇는 고
해적 공화국　　속 운송·침투 루트였기에 1492년 이후 카리브는 늘
　　　　　　　관심과 경계의 대상이었다. 이해관계를 갖고 있는
제세력 간의 이권 다툼의 장이었다. 특히나 스페인과 포르투갈에 의해 라틴아메리카에 대한 수탈이 본격화됨에 따라 해적들에게는 황금어장으로 변했다. 금·은·담배·면화·노예·설탕 등 고가의 사치품들을 잔뜩 실은 배 한 척만 털어도 떼돈을 벌 수 있는 고수익 사업이 해상 약탈이었기에 해적들에게 카리브는 기회와 약속의 바다였다.

　스페인 입장에서도 1,000개가 넘는 섬 전부를 실효적으로 지배하는 것은 군사적으로나 현실적으로 불가능한 일이었다. 카리브에 해적 청

정 섬은 없었다. 해적이 그야말로 카리브의 일부가 되다시피 했다. 카리브 일대는 금은보화를 유럽으로 실어 나르던 선박을 나포하거나 스페인의 식민지 거점 도시들을 약탈하던 다국적 해적의 피난처와 근거지로 각광을 받았다. 다도해의 숱한 섬 속의 섬들이 해적 기지로 둔갑했다. 산후안^{푸에르토리코}, 산토도밍고^{도미니카공화국}, 아바나와 산티아고^{쿠바}, 파나마시티와 포르토벨로^{파나마}, 카르타헤나^{콜롬비아}, 마라카이보^{베네수엘라} 등과 같은 해양 도시들이 특히 해적들로부터 잦은 고초를 겪었다.

스페인 함대가 해적 소굴을 급습해도 효과는 그저 그때 뿐. 이리저리 섬을 옮겨 다니는 해적을 소탕할 재간이 없었다. 게다가 사략해적인 경우는 훨씬 더 위협적이었다. 수송선단을 호위하던 '호송 선단^{Flota}'까지 나포되기 일쑤였다. 사략선들은 정규군을 대신해서 '대리전쟁'을 수행하는 준군함급 무장 선박이었기에 화력도 막강했고 작전 수행능력 또한 만만찮았다. 이런 상황 속에서 특히나 바하마의 뉴프로비던스_{New Providence}, 아이티 북부 연안의 토르투가^{Tortuga}, 자메이카의 포트로열_{Port Royal} 등이 바다의 무법자들을 위한 도피항 구실을 했다. 다양한 국적의 해적, 범죄자, 밀수업자, 창녀, 도망노예 등의 아지트로 애용되었다.

추격대와 해군을 따돌리고 약탈로 채워가던 그들만의 해방구를 이뤘다. 토르투가 섬은 1625년부터 프랑스 사략 세력의 전진기지 역할을 했고, 결국 프랑스는 첨병 구실을 했던 해적의 활동을 발판으로 1697년에 토르투가를 포함한 아이티를 식민지로 편입하는 데 성공했다. 해적이 상륙 선발대이자 섬 수비대 역할을 겸한 셈이었다.

　반면에 당대 최고의 영국계 해상 퍽치기들의 아지트였던 바하마의 나소Nassau는 한때 '해적 공화국'의 수도로 악명을 떨쳤다. '해적 왕국' 마다카스카르에 캡틴 키드Captain Kidd가 있었다면, 카리브의 해적 공화국은 벤자민 호니골드Benjamin Hornigold와 영화 〈캐리비언의 해적〉의 모티브가 된 블랙비어드에드워드 티치가 '통치'했다. 그들이 운용하던 '해적 자치규약'이 밥이고 법이었다. 뉴프로비던스의 총독을 자처했던 토마스 배로Tomas Barrow도 바하마가 낳은 레전드 해적이다. 훗날 바하마와 함께 영국의 식민지가 되는 자메이카의 포트로열 역시나 영국계 해적들의 관할지였다. 어업과 상업 기지 이전에 프랑스와 스페인의 상선과 (노예)무역선, 보물운송선과 군함을 마구잡이로 약탈하던 '배 털이범'들의 소굴이었다. 카리브의 소돔과 고모라로 통했던 해적의 천국이었다.

　하지만 카리브는 호락호락한 바다는 아니었다. 때로는 열대 폭풍과 허리케인이 바다를 뒤집어놓았다. 결코 쉽게 길을 터주지 않았다. 가끔씩은 포트로열의 $\frac{2}{3}$를 바다로 구겨 넣어버렸던 큰 지진과 쓰나미도 찾아들었다. 그러나 그런 불청객을 제외하면 날씨도 그다지 까탈스럽지 않은데다, 각종 과일 등을 비롯한 먹거리가 섬마다 지천으로 널려있었기에 일확천금을 노린 해적들로 북새통을 이뤘다.

안전벨트처럼 섬을 에워싼 산호초와 수많은 석회암 동굴을 품은 크고 작은 섬들은 천혜의 은신처 구실을 했다. 해적이자 (노예)무역상이었고, 해군 겸 해적이었던 '바다의 콜럼버스'들로 들끓었다. 해적의 황금기였던 16~18세기에는 특히나 국가가 발급한 '해적 허가증^{선박 나포 및 약탈 허가증, letters of marque}'을 소지한 사략선들이 물밀듯이 밀려들었다. 중무장한 상선이자 군함이었던 이들은 실제 해상 교역과 교전의 주체였을 뿐만 아니라 각국의 해군에 편입된 일종의 '의용군'이었다. 선박과 대포를 개량하는 등 군사력 증강의 견인차 역할도 했다.

프랑스, 네덜란드, 영국, 덴마크 등 유럽 해양대국들^{섬 사냥꾼들}은 정치·경제·군사적 셈법에 따라 적성국이나 경쟁국의 선박을 상대로 한 이들의 해상 노략질을 대놓고 묵인하거나 비호했다. 물론 효수^{梟首}되거나 수장^{水葬}되거나 죄수나 포로로 전락한 해적들도 숱했다. 그러나 개중에는 기사 작위를 전리품으로 챙기고, 제독의 반열에 오르기도 하고, 식민지 고위 관료로 수직상승 신분세탁에 성공하는 해적들도 적잖았다. 존 호킨스^{John Hawkins}, 프란시스 드레이크^{Francis Drake}, 헨리 모건^{Henry Morgan}, 우즈 로저스^{Woodes Rogers4)}, 나타니엘 버틀러^{Nathaniel Butler} 등의 예처럼 윗선이 식민지 모국이고 뒷배가 아예 왕실인 '로열해적'들도 수두룩했다.

16~17세기에 유독 카리브에 영국계 로열해적, '해적해군'이 많았던 이유는 엘리자베스 1세 시대부터 왕실과 해적의 내통이 공공연하게 이뤄졌고, 해적이 영국의 해군력 증강과 해군 개혁의 전위부대 역할을 수행했기 때문이다. 그리고 유럽 열강들이 해적 토벌 협약을 체결한 18세기 초반에는 카리브에도 변화의 물결이 일기 시작했다.

이번에는 해적 토벌대의 수요가 급증했다. 그래서 해적으로 바다에 입문했다가 이 시기에 해적 사냥꾼으로 전향해서 나라를 위해 복무하다가 퇴역하는 '애국 해적'들도 드물지 않았다. 물론 비남성 해적도 없지 않았다. 만화 〈원피스〉에서 쥬얼리 보니로 등장하는 앤 보니Anne Bonny, 메리 리드Mary Read와 같은 남장男裝 해적 커플에 대한 바다이야기도 카리브를 뜨겁게 달궜다. 1588년 이후 영국에 밀리기 시작하던 스페인, '해적국가닐퍼거슨'의 면모를 보이던 영국, 그런 영국과 제해권 및 식민지 쟁탈전을 벌이던 프랑스와 네덜란드 등, 서구 해상세력들의 물고 물리는 진흙탕 싸움 속에서 카리브는 약탈과 무역의 경계가 흐릿한 '해적의 바다'가 되었다.

---

4) 우즈 로저스는 브리스톨 상인들의 재정적 후원을 받는 사략해적이었으나, 경제적 파산 이후 해적 사냥꾼으로 '이직'했으며, 말년에는 조지 1세와 조지 2세에 의해 바하마 제도의 총독(1718~1721, 1728~1732)으로 임명되었다. 다니엘 디포우의 친구로도 널리 알려진 인물이다. 나타니엘 버틀러는 해적으로서의 활약은 변변찮았으나, 버뮤다 총독을 역임했다. 북미(버지니아의 제임스타운)에 라틴아메리카 원산의 감자를 최초로 반입한 인물로 기록되고 있다.

프리랜서 해적들의 전성시대

스페인과 포르투갈이 지배하던 국가 주도형 대서양 관리무역체제는 붕괴되고 16세기 중후반부터 17~18세기 내내 카리브해는 하루도 잠잠할 날이 없었다. 스페인의 왕위 계승전쟁[1701~1714] 이후 영국 해군이 해체되자 상황은 더 악화되었다. 실직한 많은 선원들이 자의반 타의반 해적으로 이직함으로써 카리브는 한층 더 붐볐다. 유럽과 카리브의 항구마다 구직자들, 해적 꿈나무들로 넘쳐났다. '해적질'이 유럽의 가난한 소수자들, 곧 아웃사이더들의 고위험·고수익 사업으로 자리를 잡았다. '대항해시대'라기보다는 '대해적 시대'나 다름없었다. 프랑수아 롤로네[François l'Onnais], 에드워드 잉글랜드[Edward England], 샘 벨라미[Sam Bellamy], 페르민 안토니오 문다카[Fermín Antonio Mundaca] 등 수많은 '약탈 자영업자'들이 판을 쳤다. 프리랜서 해적들의 전성시대였다.

바베이도스 역시나 해적 청정지역은 아니었다. 오히려 일찍부터 케이먼 제도와 바하마 제도와 함께 사략무역과 해상 약탈 세력의 '소굴'로 악명을 떨쳤다. 영국계 사략해적들에게는 '숨은 항구[puerto escondido]'로 매우 요긴했다. '걸출한 해적'들도 배출했다. 샘 로드[Sam Lord]와 스티디 보넷[Stede Bonnet] 등이 바로 그 주인공들이다. 특히 유비소프트의 간판 게임인 〈어쌔신 크리드〉에도 등장했던, 해적계의 신사로 통했던 보넷은 바베이도스에 400에이커에 달하는 방대한 사탕수수 농장을 소유했던 인물이다. 안락한 삶과 처자식을 버리고 다소 생뚱맞게 해적으로 인생

이모작을 시작한 매우 이례적인 경우다.

약탈이 아니라 자비를 털어 해적선 리벤지Revenge 호를 장만했고, 배 한쪽에 마련된 자기만의 방을 럼이 아니라 책으로 가득 채웠던 매우 '특이한' 늦깎이 해적이었다. 블랙비어드와 환상적인 해적 콤비를 이루는 듯 했으나, 종국에는 그에게 배신을 당하고, 천성적으로 맞지 않았던 해적 생활1717~1718 햇수로 단 2년 만에 허무하게 찰스타운에서 처형당했다.

17세기에 바베이도스는 영국의 점령지였던 북미와 서인도제도의 버지니아1606, 플리머스1620, 버뮤다1612, 세인트키츠1623, 안티구아1632, 몬세라트1632 등지로 유럽과 아프리카에서 공수된 물품들과 '상품흑인노예'들을 보급하고 중계했다. 실질적인 모항 구실을 했다. 따라서 바베이도스를 오가는 영국 선박들을 노리던 해적들도 수두룩했다. 개중에는 해적질 3년 만에 470여 척을 나포, 3,200만 달러어치를 약탈한 바르톨로뮤 로버츠Bartholomew Roberts 같은 이도 있었다. 이 '위대한 로버츠'는 아예 바베이도스를 상대로 전쟁을 선포하기까지 했다.

이렇게 바베이도스를 비롯한 카리브해가 해적과 사략선들로 한바탕 홍역을 치를 때, 카리브의 섬들은 하나 둘 사탕수수 탓에 몸살을 앓았다. 카리브가 유럽의 설탕공장이 되자 해적들의 관심 품목도 늘어났다. '하얀 금'과 '검은 금'을 잔뜩 실은 설탕운반선과 노예운반선사탕수수 노동자 운반선이 새로운 보물선으로 부상했다.

국경에 매달린 관棺

> 그런 남자랑 사귀고 싶다.
> 아메리카 국경을 넘다
> 사막에 쓰러진 흰 셔츠 멕시코 청년
> 너와
> 결혼하고 싶다.[5]

티후아나와 샌디에고 사이에 설치된 국경 장벽에 관棺들이 매달려있다. 이 국경지대를 통해 미국으로 넘어가려다 목숨을 잃은 사망자muertes 수와 해당 년도가 관 뚜껑에 비문처럼 적혀 있다.

저 죽음의 벽이 1998년에 329명, 1999년에 358명, 2000년에 436명, 그리고 2007년에서 2013년까지 해마다 평균 최소 400여 명의 생목숨을 거뒀다. 통계에 잡히지 않은 죽음도 없지 않을 터. 라 호르나다 La Jornada 지紙는 '2008년에만 728명이 사선死線을 넘지 못하고 목숨을 잃

---

5) 진은영, 시집 『우리는 매일매일』 中 <러브 어페어>

었을 것'이라며 보다 더 신뢰할 만한 최소 추정치를 내놓기도 했다. 한
낮 최고 기온이 무려 45~49℃를 넘나드는 애리조나 사막의 뱀과 전
갈, 타란툴라, 퓨마, 곰, 열사熱砂 등을 피해 미국으로 밀입국 하려다 숨
진 사망자의 수만도 6년²⁰⁰⁴~²⁰⁰⁹년간 1,086명에 달할 정도였다. 월경자
들로 하여금 국경도시를 멀리 우회하고 험지를 경유하게 만드는 '이민
유입 저지 전략'이 도입된 이후 특히나 국경지대의 사막 지역은 거대
한 공동묘지로 변모했다.

벌판을 헤치며 도망자처럼

티시 이노호사Tish Hinojosa의 노래 〈돈데보이〉 中에서

나프타가 발효된 해인 1994년 10월 1일부터 2019년 현재까지 낮춰 잡아도 최소 1만여 명이 탈국경 시대에 '국가의 안도 바깥도 아닌 동시에 안이면서 바깥인 국경 위'에서 생을 마감했다. 죽어서도 국민국가의 벽을 넘지 못한 월경자들. 그야말로 국경이 1년 365일을 사자死者의 날 El Día de Muertos로 만드는 꼴이다. 최근 몇 년간은 멕시코로의 역이민이나 추방이 증가하고 2010년을 고비로 미-멕 국경지대에서 체포되는 밀입국자의 수치가 다소 감소하는 추세였으나, 2019년에는 97만5,000여 명으로 2018년 대비 88%나 폭증했다. 멕시코계뿐만 아니라 중앙아메리카 3대 이민 송출국과테말라, 엘살바도르, 온두라스 출신들의 비중이 현저하게 늘어난 것으로 파악됐다. 트럼프 행정부가 미등록 이주노동자들에 대한 '사냥caza'과 재판절차 없는 신속 추방을 공언하고 있지만, 유입을 차

단할 뾰족한 수는 없어 보인다. 여전히 '세계화 난민'들은 폭력과 가난, 실업과 정치 불안 탓에 속절없이 떠밀려 국경으로 (내)몰리는 상황이다. 부와 희망, 일자리와 기회의 쏠림이 심화되면 될수록 '뿌리 뽑힌 사람들'은 경계로 (내)몰리기 마련인 법.

사정이 나아질 기미가 보이질 않는다. 1990년대나 2020년대나 실상 크게 달라진 것도 없다. 미-멕 국경지대에서의 살인과 강도·강간·사기 sacadineros, 유괴와 인신매매6), 그리고 밀입국 브로커coyote 사업에도 관여하는 마약범죄조직의 국경지대 장악력이나 고급 두뇌들의 탈 멕시코 행렬은 수그러들지 않고 있다. 더군다나 갈수록 첨단화·군사화의 길을 걷고 있는 국경 경비와 이민통제로 인해 밀입국자들이 한결 더 위험한 루트밀입국 경비도 4,000~1만2,000 달러로 한껏 치솟았다를 선택하는 상황이다. 게다가 월경을 시도하는 여성들과 미성년자들이 눈에 띄게 증가함에 따라 전체 사망자 숫자는 좀체 줄어들지 않고 있다.

토르티야 벽 　　목숨을 잃고 숫자로만 기억되는 사람들. 2014년에 306명, 2015년에 399명, 2016년에 401명, 2017년에 415명, 2018년에 376명이 국경을 넘지 못하고 국경 장벽에 십자

---

6) 2009년 $\frac{1}{4}$분기에만 대략 1만 명가량이 납치되어 몸값으로 약 2,500만 달러를 범죄조직에 지불한 것으로 추정된다.

가로 매달렸다. 속칭 '토르티야 벽el muro de la tortilla'으로 통하는 이 '치욕의 장벽el muro de la vergüenza'은 팔레스타인 서안지구 전체를 에워싸고 있는 분리 장벽보다 더하면 더했지 결코 덜하지 않는 죽음과 통곡의 벽으로 자리 잡았다.

강이나 바다를 경유해서 미국으로 밀입국하려다 수장水葬된 월경자들도 없지 않다. 미국의 국경수비대가 내놓은 자료에 의하면 2019년에만 762명이 강이나 바다에서 체포되었고 최소 66명이 월경 중에 익사한 것으로 조사됐다.

레테의 강이 되어가는 리오그란데. 국경 장벽이 수천 개의 십자가로 채워지고, 조화弔花로 수놓아지고, 영정 사진으로 도배되고 있다. '모든 경계에는 꽃이 핀다'지만, 이곳 미-멕 국경지대에 지지 않는 꽃은 조화弔花다. 국경 장벽이 제사상 뒤에 세워두는 병풍 같다. 이처럼 거대한 공동묘지로 변해가는 멕시코와 미국의 국경은 어쩌면 '가장 국경다운 국경'일지도 모른다.

그러기에 영화 〈에덴의 정원El Jardin de los Milagros〉과 〈고분고분하지 않은 여자들mujeres insumisas〉, 〈빵과 장미〉, 〈언더 더 쎄임 문〉, 〈스팽글리쉬〉 등이 일러주는 국경 넘기 팁트렁크, 담요 속, 차의 시트 아래, '이코노미 클래스'로 불리는 '월담'은 현실과 비교하면 현실성이 턱없이 떨어진다. 〈언더 더 쎄임 문〉의 로사리오카를리토스의 엄마는 막판까지 고심하다가 단념했으나, 〈달콤 쌉싸름한 초콜릿〉의 에스페란사가 운명으로 받아들였던 결혼이 국경 넘기의 지름길임은 부인할 수 없는 사실일까? 예나 지금이나 신부Bride가 (국경) 다리Bridge를 가장 수월하게 건너는 걸까?

그리고 언제부터 사람들은 남쪽에서 북쪽으로 넘어갔을까? 불과 100년 남짓, '아주' 최근에 시작된 경향이다. 후안 곤살레스가 갈파했듯이, 라틴아메리카 국가들은 1492년을 기점으로 20세기 초반까지만 해도 세계 도처로부터 수천만 명의 이민자들을 수용했던 메이저 수민국가들이었다. 그렇지만 장기간에 걸쳐 지속된 부와 희망esperanza의 조직적인 유출로 인해 근자에 와서 대규모 이민 송출 지역으로 전락했다. 그렇게 될 수밖에 없는 지경으로까지 내몰린 것이다. 그래서 라틴아메리카발發 대규모 이민 행렬을 역사적으로 따져보면, '제국Empire'이 자신들이 뿌린 씨앗을 '수확Harvest'하는 과정이라고 해도 그리 틀린 말은 아닐 터이다.

자유무역이 낳은 보호 장벽
: 트럼프와 흉노족

미-멕시코 국경지대의 군사적, 사회적, 경제적 환경만큼이나
생태적, 환경적 상황도 악화일로로 치닫고 있다. 자본 친화적인
환경정책 탓으로 미국과 접하고 있는 멕시코의 북부 경계지대는
이미 거대한 '전염병 번식장'으로 둔갑했다.

    미-멕 국경지대 안팎Améxica은 세계에서 가장 '핫'한 곳들 중의 하나다. 국경에 접해 있는 멕시코6개주와 미국4개주의 주州들에 거주하는 인구는 9,000만 명을 상회한다. 두 나라 전체 인구의 $\frac{1}{5}$이 국경을 맞대고 사는 셈이다. 미국으로 유입되는 멕시코 수출 물량의 48.3%U.S. Census Bureau의 최종 행선지도 캘리포니아와 텍사스다.

    이 국경지대는 해마다 3억5,000명, 1분당 100만 달러가 넘나드는 곳이다. 아울러 제3세계가 제1세계와 가장 넓게 부대끼는 공간이기도 하다. 말하자면 '국가와 국가 사이의 근원적 적대antagonismo가 맨살로 제 모습을 드러내는 곳이다'『눈먼 자의 초상』.

　한때는 너도나도 이 국경지대에서 문화 관련 글감을 얻고 이론을 뽑아냈다. 탈 영토, 탈 국가성, 탈 국민경제, 탈 주권거버넌스, 이주와 이산, 무국적적 혼종성, 사이In-Between의 정체성 등 '경계의 양가성을 지휘하는 어휘들'을 양산하는 접촉지대zona de contacto로 각광을 받았다. 자유로운 자본의 흐름과 상품 이동을 앞세워 도처에서 '국경 없는 세상', '탈국경 시대'가 운위되지만, 여전히 이 국경선은 수치羞恥와 대치의 전선임에는 틀림없다. 1848년 이후 대대적으로 남하한 국경이 군사화의 길을 걷고 있는 곳이다. 아파르트헤이트apartheid의 장벽처럼 분리와 처벌, 차단과 차이의 표식으로 군림한다. 확연하게 중심과 주변을 획정하는 자본주의의 불균등 분할선이고, 이동의 자유가 격렬하게 거부되는 역설의 땅이다. 근자에는 특히나 이 국경 장벽의 남쪽, 곧 멕시코가 혼종적이고 혼합적인 경제신자유주의가 부려놓은 혹독한 폐해'FTA 중후군'들로 몸살을 앓고 있다. 떠들썩했던 국민경제의 탈 국경적 통합이 국경 이쪽의 도시와 국가 기능을 거덜 낼 판이다. '비지경제The Enclave Economy'를 활성화시킨 나프타가 '발효'됨과 거의 동시에 국경은 '부패'하기 시작했다고 해도 크게 지나치지 않다.

　고용을 창출하고 노동자의 실질 임금을 향상시켜 불법 이민 문제를 해결할 최선의 '방책'이자 멕시코를 제1세계로 진입시키는 '관문la entrada al Primer Mundo' 역할을 할 것이라던 나프타는 애초의 약속과는 달리 숱한 부작용과 역기능을 낳고 있다.

『국경의 남쪽, 태양의 서쪽』 속 무라카미 하루키의 표현을 빌리자면, 넷 킹 콜의 노래와는 딴판으로 '국경의 남쪽'에는 이제 '불가사의한 울림'이 없다. '뭔가 아주 아름답고 크고 부드러운 것'들은 죄다 자취를 감춰버렸다. 사변적이고 다분히 유토피아적이었던 기왕의 문화연구나 경계연구의 일각에서 제기했던 국경의 속성과 양태와는 전혀 딴판이다. 상징과 사유와 담론의 영토가 아니라, 군사·치안·정치·경제·지리공간적 실체로써의 국경의 남쪽은 흉흉하기 짝이 없다. 별다른 뾰족한 대안도 대책도 없이 그저 '파국破國'으로 치닫는 양상이다. 도대체 국경에 무슨 일이 벌어지고 있는 걸까? 어쩌다가 그 지경에까지 이르렀을까?

현대판
만리장성

위의 사진은 멕시코를 겨냥해서 건설한 현대판 만리 장성. 유지·보수·관리에만 매주 평균 수 백만 달러가 소 요된다. 철옹성과도 같은 자본주의적 세계질서와 자본 의 노마디즘에 대한 거대한 상징(물)이다. 각종 규제와 '보호 장벽'들 을 철거했던 나프타가 발효된 바로 1994년에 미국의 '게이트키퍼 작전 Gatekeeper Operation'에 의해 본격적으로 덩치를 키우기 시작했다. 1996년의 '불법 이민개혁 및 이민자 책임법안'(Illegal Immigration Reform and Immigrant Responsiblity Act)에 의해 한층 더 강화되었다. 이미 불붙 어 있던 미국의 국가주의에 기름을 붓는 격이었던 9·11사태가 발발하 기 훨씬 전의 일이었다. 자유무역이 '보호 장벽'을 낳은 셈이다. 어느 미 국 역사학자가 얘기했듯이 Greg Grandin 저 국경 장벽은 미국 프런티어 신 화의 종말이자 그 변종이라 할 수 있겠다.

2008년부터는 나프타의 지역안보동맹ASPAN의 일환인 메리다 플랜Plan Mérida에 의해 국경의 군사화 작업에도 가속도가 붙었다. 반 마약, 반 테러를 넘어 국경보안과 이민통제를 포괄하는 이 멕시코 플랜Plan México에는 자국과 북미나프타의 안보를 위해 '국경을 확장extender las fronteras'해서 사고하겠다는 미국의 의도가 돋보인다. 미국의 안전과 미국의 본토가 캐나다와 멕시코 사이에(만) 있지 않다는 판단이다. 미-멕 국경선을 첫 번째 저지선이 아니라 최후의 방어선으로 간주하는 패러다임의 전환, 곧 국경 확장 전략의 일환이다. 글로벌 국경 시스템 전략에 따라 페루에, 콜롬비아에, 파나마에, 도미니카공화국 등지에도 이미 미국의 국경선이, 미국의 안보 라인이 들어선 상태다. 어쨌거나, 약화되기는커녕 되레 강화되고 있는 국경 장벽은 신자유주의의 가려진 얼굴이자 세계화의 지독한 아이러니다. '국가 간Inter-National' 알력과 쏠림과 종속 관계를 지시하는 상징물로 이쪽과 저쪽을 구분 지으며 여전히 문명과 야만의 경계를 획정하고 있다. 미국, 멕시코, 캐나다가 북미자유무역협정NAFTA·나프타을 대체하는 새 무역협정 '미국·멕시코·캐나다 협정United States-Mexico-Canada Agreement;USMCA' 수정안에 합의했지만, 거대한 장벽을 품은 합의에 불과했다. 일방(향)적인 수정안이었고 국경으로 (내)몰리는 이민 행렬의 흐름도 바꾸지 못했다.

최근에는 트럼프 공화당 정부에 의해 '보호주의'를 강화하는 방편으로 이미 설치된 1,040여㎞의 국경 펜스와는 별도로 더 길고 더 높고 더

안전한(?) '보호 장벽'이 구상되었다. 국경과 맞닿아 있는 강과 바다에는 '떠있는 국경 장벽Floating Border Barriers'을 설치할 것이라고 예고했다. 국경 장벽 증축에 발맞춰 국경 통제와 감시에 첨단 군사 장비들도 대거 투입되고 있다. 이미 2010년대부터 미-멕 국경지대는 최첨단 '감시기술의 실험실'이 된 상태였지만 통합감시탑IFT을 추가 설치하는 등 더 촘촘한 국경 감시 시스템 구축에 기술과 장비를 집중 투자하고 있다. 야간용 열탐지 장비, 야간 적외선 투시경, 이동형 감시카메라, 지상 레이더 등을 갖춘 국경 감시 지휘통제소를 곳곳에 설치 운영하고 있다. 핀셋공격 능력까지 겸비한 미국 방산업체 제너럴 아토믹스GA-ASI사가 개발한 정찰용 드론 프레데터 B도 이미 오래전부터 미-멕 국경지대에서 운용되고 있다. 장벽 사이의 불평등을 보호하기 위해 국경 수비와 감시 공식이 바뀌고 있다. 국경에 거대한 변화의 바람이 불고 있다. 테러, 불법 이민, 마약, 전염병 차단이라는 명분 아래 요새화된 장벽, 첨단 감시 장비, 대규모 인력 배치 등을 통해 새로운 질서를 세우고 있다.

위해한 국경
'Toxic Border'
미-멕 국경지대의 군사적, 사회적, 경제적 환경만큼이나 생태적, 환경적 상황도 악화일로로 치닫고 있다. 자본 친화적인 환경정책 탓으로 미국과 접하고 있는 멕시코의 북부 경계지대는 이미 거대한 '전염병 번식장'으로 둔갑했다. 따라서 절대 다수의 '경계인들'은 사회경제적으로 취약할 뿐만 아니라 환경적 약자 신세를 면치 못하고 있다. 그럴 수밖에 없는 것이, 환경오염 피해와 노출 정도는 산업구조의 재편이나 사회경제적 요인에 의해 계층과 지역에 따라 상이하게 나타나기 마련인데, 멕시코의 북부 국경지대가 환경적으로도 가장 취약한 지역이다. 실제로 환경성 질환인 천식, 기관지암, 폐암, 백혈병, 소아암의 발병률이 다른 지역 평균치의 2배를 웃도는 실정이다. 경계노믹스Bordernomics에 편승해서 멕시코 북부지역에 대규모로 들어선 마킬라도라 공단 탓에 각종 독성 유해 폐기물의 불법 매립 및 방출, 지정 폐기물 무단 방치, 매립가스와 침출수 유입 등으로 말미암아 숱한 시냇물과 강물들이 수시로 색깔과 냄새를 바꾸는 상황이다. 예컨대 티후아나강El rio Tijuana으로는 어림잡아 해마다 10만t의 도시 및 산업폐기물이 유입되고 있다.

걸핏하면 폐쇄되거나 수질 악화의 정도가 위험 수위를 넘긴 해변들이 속출하고 있다. 버려진 '망각의 강'으로 통하는 리오그란데Rio Grande의 사정도 별반 다를 게 없다. 아니, 더 심각하다. 주변 지역의 물 부족, 무허가 판자촌의 난립, 무분별한 댐 건설, 잦은 가뭄, 공장 및 생활 오폐수 유입 등에 의해 그야말로 거대한 '오염벨트'를 이루고 있다. 국경경비대원들이 살포하는 잔효기간이 매우 긴 비선택성-식물전멸 제초제인 이마자피르Imazapyr도 이러한 참담한 상황을 제조하는 데 일조하고 있다.

파행적이고 파괴적인 '국경 재개발 사업' 이후 바하캘리포니아는 습지의 90%를 상실했으며, '원인 모를' 피부병은 마킬라도라 공단 밀집 지역의 가장 흔한 '전염병'으로 자리 잡았다. 다큐멘터리 〈마킬라폴리스 City of Factories〉2006의 공간적 배경이었던 티후아나의 칠판싱고Chilpancingo 에서는 1993~1994년에만 수두뇌증Hydroencephaly과 무뇌증Anencephaly 기형아가 무려 19명이나 태어난 것으로 조사됐다. 환경재앙이 '우려'를 넘어 '현실화'되는 양상이다.

장벽의   이래저래 미-멕 국경지대가 수상하다. 세계 도처에 국
르네상스   경에 준하는 전선과 방어벽과 저지선을 구축하며 '장벽의
             르네상스'『장벽의 문명사』를 주도하는 미국 쪽도 심상찮고 장벽 너머 멕시코 쪽의 상황도 나아질 기미가 보이지 않는다. 경계의 주력 산업이긴 하되, 체감 현실을 반영하지 못한 채, 통계 지표cifras maquilladas의 성장에(만) 기여하는 마킬라도라maquiladora 공단이 과연 멕시코의 드림팩토리가 될 수 있을까? 미국 국경수비대가 멕시코-과테말라 국경지대와 과테말라-온두라스 접경지대까지 남하해서 체크 포인트국경 검문소를 설치한다고 상황이 종식될까? 미-멕 국경지대에 불평등과 두려움만 쌓여간다. 증오와 혐오의 벽만 미국의 안팎에서 쌓여간다.

천 년의 미소를 머금은
신라 여인과 안데스 사내

1,300년 머금은 미소가 파안대소가 될 수 있도록 경주에서의
오붓한 하룻밤을 기획해야 하지 않을까. '신라의 미소'에
굳은살이 박이기 전에. '페루의 얼굴'에 취기가 가시기 전에.

웃는 기왓장　　수막새는 담장이나 지붕의
　　　　　　　기왓골 끝에 얹는 둥근 형태
의 와당瓦當이다. 주로 물막음·액막음·장식용
으로 사용되었다. 하지만 경주 얼굴무늬 수막
새는 그저 그런 와당이 아니다. 단군 이래 가장
귀한 '기왓장'이다. 그것도 깨진 기왓장. 경주

©국립경주박물관

엑스포의 공식 심벌마크이자 천년고도 경주의 정체성과 역사성을 상징
하는 간판얼굴이다. 조금은 투박하고 소박해 보이기까지 하는 이 마감기
와가 이처럼 극진하게 대접받는 이유는 뭘까. 따지고 보면 이유는 많다.

우선, 1,300여 년 전인 7세기경에 제작되었고, 와당 제작 틀을 이용해서 일괄적으로 찍어낸 게 아니라 숙련된 와공瓦工이 직접 손으로 빚은 수작이다. '살구 씨처럼 생긴 시원한 눈매', 약간 도톰한 이마를 타고 두툼하게 흘러내리는 콧대, 입체감을 살려주는 통통한 양 볼과 턱 선 등이 매우 세련됐다. 노련한 와공의 의도된 거친 손길이 외려 자연스러움과 절제미를 살렸다. 그중에서도 봉긋한 볼살에 걸린 맵시 좋은 입꼬리가 단연 압권이다. 그 매끈한 곡선미에 예사롭지 않는 와공의 미적 감각이 오롯이 배어 있다. 경주 영묘사靈廟寺 터에서 출토된 이 기와의 몸값이 치솟은 이유는 더 있다. 바로 희소성이다. 지금까지 알려진 삼국시대 얼굴무늬 수막새로는 이게 거의 유일하다. 간혹 구름무늬나 불꽃무늬가 사용되기도 했지만, 일반적으로 와당의 장식요소로는 연화문·덩굴무늬당초문·인동당초·포도당초·모란당초·보상화문寶相華文 등과 같은 식물무늬가 주를 이뤘다. 그렇다고 동물문양이 푸대접을 받았다는 뜻은 물론 아니다. 동물무늬 또한 다채롭게 기와에 깃들었다. 봉황·용·기린·박쥐·앵무새·오리·두꺼비 등이 심심찮게 지붕에 둥지를 틀었다. 아울러 수막새는 사악한 기운을 막고 잡귀나 마귀 등의 침입을 방지하려는 벽사辟邪의 상징으로도 애용되었다. 그래서 험상궂은 도깨비문양의 귀면鬼面기와도 널리 이용되었다. 하지만 경주 얼굴무늬 수막새는 그런 통상적인 와당의 틀을 깼다. 극히 이례적으로 사람여자의 얼굴을 품고 있다. 그것도 깨진 얼굴을. 허나, 얼굴의 $\frac{1}{4}$을 잃어버렸지만 미소를 잃지는 않았다. 남은 얼굴에는 여전히 웃음기가 소복하다. 처마 끝 버선코처럼 날씬하게 올라간 입꼬리가 수줍은 듯 멋쩍은 듯 살짝 관능적이기까지 하다. 험상궂고 기괴한 도깨비 얼굴이 아니라 풋풋한 여인의 미소로써 상스럽지 못한 것들을 어르고 달래서 돌려보내겠다는 신라 도공의 의도도 참 순박하고 선해 보인다. 분명 보는 이들의 입꼬리를 들어 올리는 뭉근한 매력이 있다. 그 때문일까. 지름 14cm, 두께 2cm의 조그마한 이 '웃는 기왓장'은 2018년에 보물 제2010호로 지정됐다. 아무리 와당이 지붕에 핀 돌꽃이라고는 하지만, 깨진 기와에게는 전례가 없는 파격이다.

화강암에 흐르는   가만 보면, 와당의 틀을 깨고 나온 1,300년 묵
웃음기   은 저 미소가 보물이긴 보물이다. 굴지의 대기
                   업 LG의 로고로 채택된 이유도 저 빙그레 미
소 때문이지 싶다. '신라의 미소', '신라의 얼굴'로 불리기에 전혀 손색이 없어 보인다. 흙으로 빚은 미소가 저보다 더 깨끗할 수 있을까. 불에 그을린 웃음이 저보다 더 환할 수 있을까. 비교대상을 찾기조차 수월해 보이지 않는다. 그러나, 아니 그럼에도 불구하고 이 향기로운 신라의 미소에 매료된 사람들은 너도나도 닮은꼴 찾기에 분주했다. 웃음이 새겨진 문화재를 찾아서 이 깨진 미소 반쪽과 비교하길 즐겼다. 차갑고 단단한 돌에 새겨진 따뜻한 '백제의 미소'에 견주는 이들이 유독많았다. 서산 마애삼존불상국보 제84호과 태안 마애삼존불입상국보 제307호의 온화한 미소가 그래서 자주 입에 오르내렸다. 더러는 석굴암국보 제24호본

영월 창령사지 오백나한상.

존불과 금동미륵보살반가사유상^{국보 제78호와 제83호}의 신묘한 미소를 떠올리기도 했다. 이해 못 할 바도 아니나, 그러나 얼핏 비슷해 보이지만, 차이 또한 또렷하다. 뭐랄까. 결이 사뭇 다르달까. 비단 재질의 차이 때문만은 아닐 터이다. 모두 삼국시대를 대표하는 으뜸 미소임에는 틀림이 없지만, 끌림도 크고 여운도 깊고 정감 어린 심성까지도 엿보이긴 하지만, 이들 모두는 신비롭고 초월적이고 불가사의한 깨달음의 미소인바, 그만큼 거리감이 느껴지는 것도 사실이다. 질박하고 인간미가 넘치는 신라 여인의 수줍음 돋아나는 미소와는 격이 달라도 한참 다르다. 고려 후기에 제작된 수월관음도^{水月觀音圖}도 이와 크게 다르지 않다. 있는 듯 없는 듯, 비단 바탕에 채색된 반가부좌 관음보살의 해탈한 미소 역시나 신라 와당의 그것과는 여러모로 차원을 달리 한다. 최근에는 많은 사람들이 영월 창령사 터 오백나한상^{나한상과 보살상 317점} 속에서 얼굴무늬 수막새의 미소를 찾곤 한다. 실제로 몇몇 투박한 돌조각상에서는 신라 와당의 초승달 웃음이 어른거리기도 한다. '강원도의 미소'라는 수

식어에 걸맞게 화강암에 흐르는 웃음기가 편안하고 푸근하기 그지없다. 나한상 특별전에 내걸었던 '당신의 마음을 닮은 얼굴'이라는 글귀에 딱 맞게 돌에 새겨진 삶의 다양한 표정들이 정감 넘친다. 하지만 강원도와 경주의 미소를 갈라놓는 차이도 눈에 띈다. 신라 와당과는 다르게 오백나한상이 고려 후기에 제작되었다는 점, 흙이 아니라 돌에 웃음을 새겼다는 점, 성聖과 속俗의 경계에 머무르긴 하지만 이미 윤회의 사슬을 끊은 나한羅漢의 미소라는 점 등을 아쉬움(?)으로 꼽을 수 있겠다.

진흙 얼굴　　굳이 다른 곳에서라도 꼭 닮은꼴 웃음을 찾아야만 한다면 아예 국경 바깥으로 눈을 돌리는 것도 한 방법이다. 그리고 기왕 그럴 거면 미얀마고대 바간왕조의 미소나 아무르강콘돈 유적의 얼굴모양 토기이 아니라 곧바로 태평양 건너 안데스로 가는 게 좋을 듯싶다. 왜냐하면 잉카제국 이전의 모체Moche문명이 남긴 이형 토기異形土器들 중에서 '신라의 미소'와 기가 막히게 잘 어울리는 '페루의 미소'를 만날 수 있기 때문이다.

지금의 트루히요Trujillo시市를 포함한 페루 북부 해안에 발흥했던 모체 문명은 항해술·야금술·수로 및 저수지 건설·해상 상업 분야 등에서 당대서기 150~700 최고의 기술력과 영향력을 자랑했다.[7] 매우 건조한 해안 사막을 품은 진흙 문명이었던 모체의 토기 제작기술 또한 탁월했다. 미학적으로나 기술적으로나 그 시대 아메리카 대륙 전체에서 단연 으뜸이었으니 모체는 토기의 나라였다. 추상적이고 개념적인 것들도 더러 있지만, 대부분의 모체의 형상 토기形象土器들은 매우 구체적이고 생동감 넘치는 사실적인 장식과 형태미를 뽐낸다. 동물·식물·반인반수·신神의 모습을 형상화한 토기에서부터 남녀의 적나라한 성관계수음, 오럴섹스, 후배위, 난교 등를 묘사한 에로틱한 토기에 이르기까지 다양한 형태와 쓰임새의 토기들이 출토됐다. 모체의 '19禁 토기'들은 신라의 선정적인 토우土偶(국보 제195호 토우장식 목항아리)들을 대단히 조신한 것으로 보이게 할 정도로 매우 낯 뜨겁다. 장식문양이 대단히 회화적인 형상 토기들도 다수 출토되었는데, 이를 통해 모체 사회의 일상생활 모습과 풍습, 사냥, 전쟁, 종교적 제의, 인신공희, 신화 등을 엿볼 수도 있다. 그렇지만 모체의 다양한 형상 토기들 중에서 수적으로나 예술적으로나 가장 돋보이는 유형은 우아코스 레트라토스huacos retratos로 알려진 사람얼굴모양 토기들이다. 일종의 초상 도기라 할 수 있겠다. 신神, 통치자, 전사戰士, 사제司祭, 예술가, 피장자被葬者8) 등

---

7) 치무(Chimú)문명(700~1470)이 한때 잉카를 압도하는 경제적 풍요와 문화적 번영을 누릴 수 있었던 이유 중 하나도 바로 이 모체문명으로부터 많은 자양분을 흡수했기 때문이다. 실제 이 두 해안 사막문명의 활동무대(영토), 경제활동, 언어, 야금술을 비롯한 기술력 등은 거의 고스란히 겹친다.

8) 일각에서는 '모든 사람얼굴모양 토기가 한 사람을 본뜬 것이다', 일종의 데스마스크처럼 '무덤의 주인인 망자의 모습을 본뜬 것이다', 라는 주장도 펼쳤지만, 이런 가설은 신분과 지위, 표정, 특징(구개열, 실명, 안면 마비 등의 질병 혹은 증후군을 앓고 있는 얼굴형상 토기) 등이 천차만별할 뿐만 아니라 다수의 제작 틀까지 발견됨으로써 설득력을 상실했다. 그리고 위에서 언급한 '19禁 토기'들은 풍요와 다산의 상징물로 여겨진다. 생육과 자손 번식, 풍작과 비(雨)를 바라는 기복신앙의 일환으로서 받아들여진다. 선정적인 토기들은 동서고금을 막론하고 일반적으로 그렇게 이해된다. 하지만 신라의 애로 토기들을 수수하게 만들어버리는 모체의 '19禁 토기'들은 그처럼 간명하지 않다. 재생산이나 다산과 크게 관계없는 에로틱한 상황(자위하는 해골과 펠라치오 등)을 노골적으로 담아낸 토기들로 인해 많은 논란을 낳고 있다. 가령 '엘니뇨현상과 관련되어 있다', '비가 그치기를 바라는 염원을 표현했다', '모체 사회의 몰락을 시사한다' 등과 같은 다양한 해석이 난무한다.

의 두상을 흙으로 다채롭게 빚었다. 일용품과 예술품, 생활토기와 장식용 조각의 경계를 넘나드는 수준 높은 토기공예 기술을 보여준다. 화려한 문신과 장신구, 크림색의 바탕 얼굴에 붉은색과 연초콜릿색의 페이스페인팅 등을 가미해서 탁월하게 입체감·양감·색감을 살렸다. 얼굴에 손잡이와 좁은 주둥이가 달려 있는 것으로 보아 액체를 담는 병이나 주전자 용도로 쓰였음을 알 수 있다. 남아 있는 4만 5,000여 점 가운데 일부는 사용 흔적이 있는 생활용품들이지만 거의 대부분은 무덤에 껴묻기용^{부장용}으로 제작된 제의용기^{祭儀容器}들이다. 죽은 자를 장사지낼 때 술^{치차 chicha, 옥수수로 빚은 술} 등을 따르는 의례용 제기로 쓰고 나서 망자와 함께 무덤에 껴묻었을 것으로 추정된다. 3~4세기경에 주로 제작되었고, 크기는 6~45cm까지 다양하지만 대체로 15~30cm 정도다.

술에 취한
술병

모체의 사람얼굴모양 토기들 중에서 단연 눈에 띄는 것은 무덤에서 출토된 '웃는 술병 토기'다. 망자를 지키고 위로하는 길동무로 망자와 함께 매장되었지만 생생하게 표정이 살아있다. 경주 얼굴무늬 수막새를 위해 맞춤형으로 제작한 듯(?) 바라만 봐도 절로 미소가 번진다. 신라 와당을 볼 때처럼 낯익고 친숙해서 눈을 뗄 수가 없다. 이름 모를 도공의 끝손질도 예사로워 보이지 않는 데다 정감이 가는 순박한 표정이 마음을 잡아챈다. 다른 사람얼굴모양 토기들과는 사뭇 다르게 위세를 과시하는 그 흔한 문

경주 얼굴무늬 수막새(좌)와 페루 북부 해안의 모체(Moche) 문명이 남긴 사람얼굴모양 토기(우).
신라 여인과 페루 사내의 1,300년 넘게 머금은 진흙 미소가 똑 닮았다. 태평양을 사이에 두고 썩 잘
어울리는 미소 한 쌍이다. 지붕으로 올라가고 지하세계로 내려갔던 두 얼굴에 웃음이 그득하다. 상
황에 전혀 어울리지 않는 웃음들이 묘하게 끌리고 묘하게 닮았다.

신이나 장신구 하나 걸치지 않았다. 군더더기 없이 깔끔하고 단출하다.
비우고 덜어내서 천 년을 가는 웃음을 지었다. 꾸밈없는 신라 와당의
소박함이나 인간미와 찰떡궁합을 이룬다. 죽음과 동거했던 사람의 얼
굴이라기에는 믿기지 않을 정도로 생기가 가득하고 미소로 넘쳐흐른
다. 사후세계와 이승을 잇고 허무는 그 웃음이 익살스러우면서 당돌하
고 능청스러우면서 의뭉스럽기까지 하다. 망자의 슬픔과 불안감을 달
래주기 위해 치차를 나눠 마셨을까. 진흙에도 취기가 돌았을까. 낯빛
이 불콰하다. 술에 취한 술병. 옥수수 문명의 자식답게 건치까지 드러
냈다. 한 근은 족히 됨직한 눈밑 애교살에는 장난기가 수북하고 볼에
도 말랑한 웃음기가 만져진다. 대체 무슨 생각에 취했을까. 입술은 부
풀어 오르고 상투는 뜯긴 듯 쪼그라들었지만 그 상투보다 더 굵은 코

는 흐뭇하게 휘었다.

　지붕에서 떨어진 신라의 웃음과 무덤에서 걸어 나온 모체의 웃음. 각각 1,300년과 1,700년 머금은 진흙 미소다. 한쪽 턱이 깨져도 상투가 뜯겨나가도 웃음을 잃지 않았다. 악귀에 대적하던 웃음과 죽음과 대작對酌하던 웃음은 본질적으로 서로 다르지 않다. 예상하지 못한 상황, 어울리지 않는 곳에서 피어난 두 미소는 허를 찌르는 상상력이 빚어낸 파격이고 품격이다. 이 둘의 웃음 철학에는 틀을 깨는 사유와 발상의 전환이 숨어있다. 재치와 해학, 기발함과 대담함이 묻어난다. 웃는 기와를 이고 살았던 신라와 무덤에서도 술판을 벌렸던 모체. 잡귀와 죽음의 공포에 잠식되지 않고 삶을 긍정하는 건강한 웃음의 미학을 지녔던 신라와 모체는 거의 동시대를 살았다. 태평양을 사이에 둔 채로 아무런 교류 없이 마주보며 살았다는 사실이 못내 아쉬울 따름이다. 이제라도 경주박물관이 나서서 노둣돌이라도 놓아야 하지 않을까. 1,300년 넘게 마주보며 미소 짓는 저 두 남녀의 맞선을 한 번 주선해야 하지 않을까. 1,300년 머금은 미소가 파안대소가 될 수 있도록 경주에서의 오붓한 하룻밤을 기획해야 하지 않을까. '신라의 미소'에 굳은살이 박이기 전에. '페루의 얼굴'에 취기가 가시기 전에.

모체^{Moche}의 후손(?) 폴 고갱에 대한 단상

모계 혈통에 뿌리를 둔 고갱의 '페루적인 것'에 대한 본능적인
끌림과 페루에서 보낸 유년의 기억은 고갱의 작품 곳곳에
어른거린다.

모체의 사람얼굴모양 토기와 폴 고갱의 작품 세 편. 폴 고갱의 작품에
는 타히티, 브르타뉴^{프랑스의 북서부 변경지역}, 마르티니크만 있지 않다. 프랑스
후기 인상파 화가인 고갱의 작품 세계를 대변하는 많은 특징들이 라틴
아메리카와도 직간접적으로 관련되어 있다. 고갱의 독특함으로 지목
되는 문명으로부터 벗어난 오염되지 않은 원시 자연으로의 회귀, 야성
적이고 열대적인 것에 대한 탐닉, 원주민에 대한 강한 이끌림, 도자조
각^{Ceramic sculpture}에 대한 애착, 밝고 강렬한 원색 선호 등의 상당 부분이
사실 페루와 연루되어 있다. 폴 고갱이 타히티로 떠나기 전인 1880년대
후반에 새롭고 이국적인 대상과 스타일을 찾아 파나마의 이슬라 타보

가Isla Taboga와 카리브의 마르티니크 등지를 여행했다는 사실은 널리 알려져 있다. 1877년에 페루의 우투쿠밤바Utcubamba 강기슭의 차차포야스Chachapoyas에서 발견된 미라9) 손으로 얼굴을 감싸면서 비명을 지르는 것 같은 미라를 연상시키는 20여 점의 작품을 남긴 것도 익히 알려진 사실이다. 하지만 고갱과 라틴아메리카와의 관계는 이보다 더 근원적이고 더 뿌리가 깊다. 사실 폴 고갱은 페루계 프랑스인이었다. 엄밀하게 말하자면 모계 혈통이 페루계였다. 실제로 고갱은1848~1903 갓난아기 시절1849~1854 5년가량을

---

9) 에드바르 뭉크(Edvard Munch)의 대표작 <절규>(1893)가 1878년에 파리의 트로카데로박물관에 전시되었던 페루의 미라들에서 영감을 얻었다는 해석도 있다.

모체의 사람얼굴모양 토기에 대한 폴 고갱의 관심을 엿볼 수 있는 〈일본 목판화가 있는 정물〉(1889). 고갱의 '페루 시기'에 해당하는 1888~1889년에 제작된 작품들에서 특히 페루적인 색채가 강하게 드러난다. 1887~1988년에는 마지막 잉카 황제(Atahualpa)의 이름을 딴 〈아타우알파 꽃병(잔)〉도 제작했다.

어머니와 함께 페루의 리마에서 보냈다. 페루에서 신문사를 차릴 계획이었던 고갱의 아버지는 페루로 향하던 길에서 심장병으로 사망했다. 고갱의 외증조부는 남아메리카의 해방자 시몬 볼리바르Simón Bolívar와도 친분이 두터웠던 대령이자 아레키파Arequipa 지역의 명문가 태생이었다. 사회주의계열 노동운동가이자 페미니즘 이론가였으며 '여자 체 게바라'로 통했던 작가 플로라 트리스탄Flora Tristan, 1803~1844이 고갱의 외할머니다. 마리오 바르가스 요사의 소설 『천국은 다른 곳에』와 클라우디아 폰 알레만 감독의 영화 〈리옹으로의 여행〉은 플로라 트리스탄을 다룬 대표적인 작품들이다. 특히나 『천국은 다른 곳에』서는 고갱도 그의 외

할머니와 함께 서사의 한 축을 담당하며 소설을 끌고 간다. 아무튼 고갱은 불어보다 스페인어에 더 친숙한 유년시절을 보낸 셈이었다. 타히티의 여성과 야성적이고 원시적인 자연에 매료되기 훨씬 이전에 어머니를 통해 페루에 이끌렸다. 페루의 여인과 페루의 여인들이 즐겨 입던 전통 의상에 더 먼저 눈을 떴다. 자신의 정체성의 반쪽을 구성하는 '인디오 피', '야성적인 것', '잉카의 혈통', '페루적인 것'에 더 먼저 천착하고 집착했다. 훗날 고갱은 자신의 부인과 지인과 반 고흐의 동생 테오에게 보내는 서신들에서 이러한 자신의 정체성에 대한 내적 고민과 자기 진단을 직접 피력하기도 했다. "내가 하는 모든 것에 이것이 반영된다"며 자기 속의 '이것', 곧 '인디오적인 것'을 (재)발견하고 긍정했다. 물론 고갱은 페루계이긴 했으나, 원주민적 혈통을 물려받지는 않았다. 그럼에도 불구하고 고갱은 스스로를 인디오의 후예로 규정했고 자신의 몸속에 잉카와 페루의 피가 흐른다고 확신했다.

페루를 그리고 페루를 그리워했던 고갱

어쨌거나, 모계 혈통에 뿌리를 둔 고갱의 '페루적인 것'에 대한 본능적인 끌림과 페루에서 보낸 유년의 기억은 고갱의 작품 곳곳에 어른거린다. 위의 3편의 작품 〈후광이 있는 자화상〉[1889], 〈두상 모양의 물 주전자, 자화상〉[1889], 〈사과, 배, 세라믹 주전자가 있는 정물〉[1889]에는 특히 모체문명 특유의 '우아코스 레트라토스'의 영향이 감지된다. 주로 액체를 담아두는 용기用器로 제작되었던 모체의 사람얼굴모양 토기가 원형적 상징물의 형태로 고갱의 내면세계를 담아내고 있다. 물론 이 세 작품은 고갱의 어머니를 어쩔 수 없이 소환한다. 왜냐하면 고갱이 도자기에 심취하기 훨씬 이전에 이미 고갱의 어머니는 모체의 사람얼굴모양 토기를 비롯한 남미의 골동품 세라믹 애호가이자 열정적인 수집가였기 때문이다.

이래저래 페루에서 보냈던 유년시절, 페루의 고대문화에 대한 고갱어머니의 유별난 관심, 페루에서 발견된 미라, 모체의 사람얼굴모양 토기 등은 고갱의 작품 곳곳에 스며들었다. 그를 타히티로 건너가게 하는 징검다리 구실, 촉매제 역할을 했다고 해도 과언이 아니다. 타히티는 그래서 고갱에게 생판 낯선 땅은 아니었을 터. 자기 안의 그 강렬한 반쪽을 닮은 익숙한 낯섦이 아니었을까.

짚신 신고
라틴아메리카로

조선이 버리고 사라져버렸고, 일제가 기억할 리 없는데다,
역사도 그들을 거두지 않았으나, 조국으로 돌아가리라는 희망만을
붙들고 살다가 '처참하게 사라진' 쿠바의 한인 이민 1세대들.

　김선영의 장편 소설 『애니깽』[1990]과 장미희가 주연으로 열연했던 동
명의 영화[1997]에 의해 세상에 널리 알려졌던 애니깽들. 근자에는 문영숙
의 『에네껜 아이들』[2009]과 김영하의 『검은 꽃』[2010]으로 새삼 주목받았다.
2020년에는 극단 유목인이 창작극 〈돈데보이[Donde voy]〉를 통해 이들의
디아스포라[10]를 재조명했다.

　러일전쟁이 한창이던 1905년에 '묵서가[墨西哥 멕시코] 드림'에 속아서 영
국 국적의 일포드 호에 몸을 실었던 그들은 유카탄 반도의 에네껜 농장
으로 끌려가다시피 했다. 3년 먼저 제물포항을 출발해서 하와이의 사
탕수수 농장에 둥지를 틀었던 한인 이민자들과는 비교할 수도 없을 정

도의 비참한 삶이 그들을 맞이했다.

"국민이 다 노예가 되었거늘 누가 능히 구할 건가"(『황국신문』)

밀 자동 수확기^{수확물을 자동으로 묶는 '끈'을 에네껜으로 만들었다}의 보급 덕택에 호황을 누리던 '멕시코 애니깽 농장주협회'와 일본의 인력 송출 회사인 '대륙식민회사'의 농간이 낳은 비극적인 근대 이민사의 한 토막이다. 그들

---

10) 1910년경에 대략 10만~12만5,000명의 마야 후손들이 유카탄 반도의 에네껜 산업에 편입되었다.

은 영국-멕시코-일본의 삼각무역의 '교역 물품'이었던 셈이다. '조선 안에서 꼼지락 꼼지락 하는 것보다 훨씬 유리할 것이'라 믿었지만, 현실은 그렇지 못했다. "삽으로 돈을 푼다"던 이민 거간꾼의 말은 그저 모객을 위한 사탕발림에 불과했다.

1900년경부터 멕시코 북부의 소노라^{Sonora}에서 메리다^{Mérida}의 에네껜 농장으로 전쟁 포로처럼 끌려온 8,000여 명의 야키^{yaqui}족 원주민보다도 더 혹사당했다. 마야계 원주민 노동자만도(?) 못한 처지로 전락했다. "이들 노동자의 생활조건은 노예노동과 흡사"『수탈된 대지』했다. 형식상으로는 노예가 아니라 계약 기간 4년의 이주 노동자였지만, '7등급 노예로 소나 말 취급을' 당했다. 실제로 교환과 매매가 가능한 '채무노예'로 전락하기 일쑤였다. 걸핏하면 채찍이 등살을 파고들었고, 소통령으로 군림하던 농장주의 횡포와 전횡에 의해 옥살이를 하는 경우도 예사였다. 장기간 채무노예 상태로 옭아매기 위해 농장에 딸린 가게 'tienda de raya'에서는 생필품을 고가로 판매하고 외상구매를 강요하기도 했다. 하루 12~15시간의 중노동에 시달렸지만 품삯은 입에 풀칠하기도 버거울 정도였다. 게다가 지급받은 돈마저도 1915년까지는 해당 농장에서만 유통 가능하도록 발행한 민간화폐였다.

1898년 미서 전쟁의 여파로 필리핀의 삼^麻생산이 여의치 않자 에네껜 가격과 수요는 폭등했고, 그 이후 엄청난 호황을 누렸던 에네껜 산업 덕분에 메리다는 멕시코에서 가장 부유한 지역이 되었지만, 애니깽들은 가장 비참한 삶을 살았다. 1909년에 계약이 만료되었지만, 채무

1 멕시코 유카탄 반도의 에네껜 농장 안에서만 유통되었던 화폐들. 에네껜에 기반을 둔 지역 경제의 폐쇄적, 약탈적 생태계를 보여준다.
2 위의 사진 속 애니깽들의 비루한 행색과 새까맣게 그을린 낯빛이 인신매매나 다름없었던 노동 이민 계약의 실상을 말없이 폭로하는 듯하다. 살인적인 노동 강도와 노동 조건(가시-채찍-무더위-방울뱀)을 고발하는 듯하다. 짚신 신은 저들의 발을 이국땅에 묶어세웠던 선박의 밧줄 또한 에네껜으로 만들어졌으니, 참으로 지독한 아이러니다.

변제를 위해 거의 대부분 1년 더 혹사를 당해야만 했고, 1910년에는 돌아갈 조국마저 사라져버렸다. 엎친 데 덮친 격으로 그 해에는 멕시코 혁명까지 발발하는 바람에 오갈 데 없는 신세로 전락한 애니깽들은 어쩔 수 없이 다시 에네껜 농장에서 노예노동에 시달렸다.

움직이는 송장 같던 그들의 삶을 최초로 극화했던 김상열의 〈애니깽〉1988도 있지만, 그보다 한참이나 먼저 이 민족 수난사에서 텍스트를 뽑아낸 이가 있었다. 미국 이민 1세대의 탈 멕시코 정착기인 「구름을 잡으려고」를 1930년에 동아일보에 연재했던 주요섭이 바로 그 주인공이다. 지리적 부정확함이나 스페인어 번역 오류 등이 읽기를 방해하긴 하지만, 그는 이 소설에서 지면의 대략 $\frac{1}{3}$을 '팔리지 않고도 팔려온 종'처럼 살아가던 멕시코 애니깽비록 작품에서는 '목화밭'에서 일하고 있지만들에게 할애했다.

상투도 잃고　　1921년부터는 쿠바도 애니깽들의 한 기항지가 되
나라도 잃고　　었다. 1905년에 제물포항을 출발해서 멕시코 유카탄
　　　　　　　반도의 20여 개의 에네껜henequen 농장으로 뭉텅뭉텅
팔려나갔던 바로 그 한인 1,033명과 그 2세들이 쿠바 애니깽들의 조상
이다. 더 엄밀하게 말하자면, 1920년경에 에네껜 산업이 쇠퇴하자, 멕
시코 전역으로 뿔뿔이 흩어졌던 그 1,000여 명의 한인들 중에서 1921
년 3월경에 멕시코의 캄페체Campeche를 출발해서 쿠바의 마나티Manati로
집단 이주해 온 300여 명이 사실상 그들의 뿌리다.

　신흥 에네껜 수출국들의 부상[11]과 멕시코 혁명 및 농업개혁의 여파,
거기에 미국의 수입선 다변화 정책 등이 한데 맞물리면서 멕시코 애니
깽들의 디아스포라가 시작된 것이다. 젖과 꿀이 흐르는 땅을 찾아 멀리
쿠바까지 흘러들어온 그들은, 하지만, 애초에 약속받았던 사탕수수밭
에 정착하지 못했다. 또다시 취업이민 브로커가 그들을 우롱했다. 울며
겨자 먹기로 그들 대부분은 마탄사스의 그 지긋지긋한 에네껜 농장으
로 다시 헤쳐 모였다. 참으로 얄궂은 운명이었다. 제1차 세계대전의 여
파로 유럽의 사탕무 산업이 초토화됨에 따라서 폭등했던 국제 설탕 가
격Vacas Gordas이 하필 1921년 그 해에 폭락Vacas Flacas한 탓이 컸다.

---

11) '50명의 에네껜 왕이' 주도했던 유카탄 반도의 에네껜 모노컬처 붐은 '야만의 멕시코' 시대를 주도했던 포
르피리오 디아스 독재 시기(1876~1911)와 거의 일치했다. 에네껜 붐이 한창이었을 때는 에네껜 재배면적이
유카탄에만 20만2,000헥타르에 달했다. 유카탄의 재배 가능한 농지의 70%에 해당하는 면적이었다. 1920
년경의 대표적인 신흥 에네껜 수출국은 브라질, 쿠바, 이스라엘, 아이티, 케냐, 탄자니아 등이었다.

『쿠바의 한인들Coreanos en Cuba』라울 루이스 & 마르타 임 김, 2000에 서문을 쓴 미겔 바르넷Miguel Barnet에 따르면, 불과 몇 개월 사이에 설탕 가격이 $\frac{1}{3}$로 급락하던 때였다. 당시 쿠바의 사탕수수밭은 (반)실업 상태로 전락한 애니깽과 같은 날품팔이 계절노동자들로 북새통을 이뤘다. 쿠바 한인 후손들의 뿌리는 그래서 질기디질긴 그 에네껜이라고 해도 무방하다. 한때는 녹색 금el oro verde으로 통했던 에네껜 '끈'이 그들의 태반이자 탯줄인 셈이다.

조선이 버리고 사라져버렸고, 일제가 기억할 리 없는데다, 역사도 그들을 거두지 않았으나, 조국으로 돌아가리라는 희망만을 붙들고 살다가 '처참하게 사라진' 쿠바의 한인 이민 1세대들. 낯선 땅의 이방인으로 떠돌다가 불귀의 객이 된 이 카리브의 '꼬레아노'들에 관한 영화적 관심이 바로 〈시간의 춤〉이고 〈헤로니모〉고 〈쿠바의 연인〉이다.

'애니깽 이야기'는 특히나 〈쿠바의 연인〉에서는 '러브 스토리'와 '쿠바식 사회주의'를 다룬 에피소드들과 함께 서사적 골간의 한 축을 형성하면서 이들 나머지 두 구성요소에 깊이와 리듬과 실감을 곁들인다. 비록 용두사미로 그치고 만 느낌이 강하지만, 그럼에도 불구하고 다채로운 에피소드들을 매개하고 견인하는 연결 고리 역할을 수행한다고 보아 무리가 없겠다.

경계인의 시선으로 본
쿠바의 애니깽들

쿠바의 애니깽들은 우리와 닮은 듯 사뭇 다르다. 영화를 보는
내내 그들에게 남아 있는 '우리 것'을 찾았지만, 거의 찾지 못했다.
그게 아쉬웠다기 보다는 오히려 그래서 더 큰 정情이 갔다.

여행이 연애가 되는
사랑의 섬

쿠바는 사람을 들뜨게 한다. 후끈 달아오
르게 만든다. 어디를 가든 강렬한 비트가 몸
을 훑고 지나가서 그렇고, 속살을 좋아하는
카리브의 태양 때문이기도 할 테고, 그 태양보다 더 황홀한 럼 탓도 없
지는 않을 것이다. 대서양에서부터 헐떡거리며 달려온 말레콘 해변의
거친 파도도 더하면 더했지 몸을 식혀주진 못한다. 더 큰 이유는 물론
따로 있다. 바로 열정적인 쿠바인들. 그들로 인해 몸과 맘이 덩달아 쉬
이 데워지는 게 아닐까 싶다. 쿠바인들이 '화근'이라는 말이다. 지나치
게 섹시한 쿠바. 오죽했으면 "쿠바에 애인을 홀로 보내지 마라"고 했을

까. 남자든 여자든 절대 애인을 홀로 보내지는 말아야겠지만 꼭 한 번은 혼자 쓱 가봐야 할 곳. 가진 것보다 웃을 일이 더 많은 쿠바. 이 뜨거운 섬에서 감독 자신의 하늘인연을 만난 사정을 카메라에 고스란히 담아낸 영화가 있다. 바로 〈쿠바의 연인〉2009. 착한 몸매를 지닌 10살이나 적은 쿠바 남자와 감독의 글로벌 로맨스를 짜릿하게 편집한 연애 다큐다.

여행이 연애가 되고, 연애가 체위를 바꿔 영화가 된 셈인데, 영화감독 정호현이 쿠바와 맺는 관계도 이런 사연과 곡절을 따라 사뭇 달라진다.

초콜릿색 쿠바 남자에게 빠져들면 빠져들수록 쿠바와는 심리적 거리 두기를 시행한다. 열정에 발을 내맡기면서도 냉정한 시선을 거두지 않는 감독. 아마도 쿠바가 이제 남의 나라가 아닌 때문일 것이다. 남편의 조국이고 아들의 정체성의 반쪽이 있는 곳이기에 여행자의 시선을 거두고 경계인의 시선으로 쿠바의 속살을 차갑게 응시하려는 것일 게다. 사내를 더 깊게 받아들이고 쿠바를 더 뜨겁게 사랑하기 위해. 그녀의 카메라가 자꾸 흔들리는 까닭도 이상이 아니라 일상을, 허상이 아니라 실상을 찾아 담아내기 때문이지 싶다. '보여지는 쿠바'가 아니라 '가려지는 쿠바'를 벗겨내기 위해 감독은 아바나의 생살과 속살에 카메라를 들이댄다. 영화는 '소울풀'하고 '컬러풀'한 여행지에서 감독의 '시월드'가 된 쿠바를 비교적 객관적으로 최대한 냉정하게 담아내려고 애쓴다.

시월드가 된 쿠바

어쨌거나 쿠바에 부착된 낭만적인 아우라를 털어내고 정작 영화의 홍보 및 마케팅 전략은 거기에 묻어가는 경향이 농후하지만 쿠바의 실체를 대면하겠다는 감독의 의도와 의욕이 돋을새김 된 부분은 한인 후손들이 등장하는 장면일 게다.

문화 프로젝트의 한 부분이었다가 영화의 일부분으로 몸을 바꾼 애니깽들. '두려움'과 '감시' 탓일 수도 있을 테지만, 카메라 앞에서 이들 애니깽의 자식들은 대놓고 분노를 표출하지는 않는다. 그렇다고 해서

'정치적 반듯함'이나 '당위'에 딱히 구애받지도 않거니와, 애써 초월의 포즈를 취하거나 '빈자의 미학'을 설파하지도 않는다. '아름다운 결핍'을 두둔하거나 '느린 희망'을 피력하는 법이 없다. 그들에게는 절망의 제스처도 희망의 제스처도 없다. 시간과 혁명의 하중을 견디느라 다소 지쳐 보이는 감이 없지 않지만, 그렇다고 혁명의 인질처럼 느껴지지는 않는다. 오히려 비트가 느껴지는 그들에게서 사회주의적 경직성을 확인하기란 간단치 않은 일이다. '사람들은 일하는 '척'하고 정부는 월급을 주는 '척'하는' 상황을 질타하면서 연신 불평과 불만을 쏟아내지만, 그런 태도를 곧바로 전면적인 현실 부정의 의지로 간주하기에는 쿠바 혁명에 대한 그들 나름의 자부심이 여전히 '문제'로 남는다.

물론 파트리시아의 남편처럼 쿠바 혁명이 성취한 '평등과 밸런스'라는 비자본주의적 가치를 직접 상기시키는 이도 있긴 하다. 그렇지만 쿠바 혁명에 대한 지지 여부를 떠나 대체적으로 그들은 이상을 들먹거리며 일상을 변호하지는 않는다. 누추한 현실과 가난한 혁명을 지나간 찬란한 과거로 도색하려 들지 않는다. 혁명이나 역사, 집단적 열망과 같은 거대 담론으로 일상의 욕망을 단속하지도 않는다. 자본주의적 요소를 수혈한 쿠바 식 다르게 살기와 부권적paternalismo 카스트로 체제에 대한 그들의 태도와 진술은 대개 수긍과 비판 사이, 결핍과 욕망 사이에서 진동한다. 현실이 긍정했던 혁명과 현실이 된 혁명 사이를 오간다. 가령, 남편이 멕시코 여행에서 돌아올 때 24개들이 화장지 한 묶음을 사들고 왔다는 루드밀라의 소망은 '다른 색깔의 하늘을' 보는 것. 쿠바

쿠바의 미소

바깥에서 비를 흠뻑 맞아보는 것. 그리고 멀티오르가슴이다. 망명할 의사는 전혀 없다.

파트리시아와 마찬가지로 무상교육에 안도하고, 쿠바 혁명의 대의에도 선뜻 동의하지만, 교육의 획일성을 간과하지 않는다. 전인교육에 가려진 쿠바의 정치 편향적인 교육 실태를 꼬집는다. 사회현실의 이런저런 형편을 짚어가면서 '평등한 가난'이 야기한 결핍과 제약의 세목들을 푸념처럼 길게 늘어놓는다. 자본주의 사회의 악무한의 노동과 경쟁을 통박하는 한편, 쿠바 혁명이 '폐쇄적'이고 정체된 탓에 '변화'도 '진화'도 이루지 못한다며, "혁명이 스스로를 혁명해야" 한다고 역설한다. 만약 그렇지 못하면, 아예 "혁명은 없다"라고 단언한다. 1959년의 '위대한 혁명'을 부정하지는 않지만, 현실을 따라잡지 못하거나, 특히 스스로를 갱신하지 못하는 '혁명 이후'는 결코 옹호될 수 없다는 논리다. 어떤 이름으로 불리든 간에 혁신의 가능성을 적대시하지 않는 혁명. 그녀는, 이상이 아니라 일상이 되어버린 혁명 안에서, 즉각적이고 전면적인 폐기가 아니라 현실 적합성을 상당부분 소진해버린 그 혁명의 쇄신과 개혁을 요구하는 것이다. 그녀의 남편의 표현을 빌리자면, 혁명의 근원으로 돌아가기, 곧 혁명과 일상의 '변증법적' 긴장을 주문한다.

어금니 깨문 자들의 이빨 빠진 웃음

혹자는 이러한 애니깽들의 진술과 태도에서 무기력과 권태, 환멸과 자조를 읽어낼 수도 있겠다. 더러는 희망과 전망의 부재에서 오는 허무주의를 엿볼 수도 있겠다. 그러나 의식적인 체념과 포기가 그들의 생존전략이자 견딤의 양식이라고 싸잡아 몰아세우기에는, 오리엘비스가 밝혔듯이 "but I love the life", 그들은 돈도 돈이지만 삶 그 자체를 그 무엇보다 더 절실하게 사랑한다. '시간이 죽지 않는 삶'〈시간의 춤〉을 살고자하는 그들은 삶에 대해 회의하지는 않는 듯하다. '더 나은 것을 얻기 위해 노력하긴 하지만', '가진 것을 먼저 생각하는' 그들은 삶을 소비와 소유 욕망으로 환원하거나 그것들로 대체하지는 않는 듯하다. 아울러 혁명을 숙명처럼 산다거나 '빈곤한 체제의 생리를 강인하게 내면화했다'라고 속단해서도 곤란하다. 그렇다고 예단하기에는 얼굴이 깨질 정도로 그네들의 웃음이 너무 크고 잦고 깨끗하다. 다르게 살기를 택한 쿠바인들의 길이 '지는 싸움'이 될 것이라고, 어금니 깨문 자들의 이빨 빠진 웃음이 될 것이라고 믿는 이방인들의 시선 따위에는 아랑곳 하지 않고. 더없이 인간적이고, 개방적이며, 이해할 수 없을 정도로 낙천적이다.

비인간적이고, 자폐적이며, 자발적으로 몰락을 선택했다고 조롱당하는 쿠바의 느리고 가난한 혁명. 적敵이 많은 그 쿠바 혁명이 일궈낸 최대 성과는 교육도 의료도 문화예술도 아니지 싶다. 도시 경작도 '반反성장 복지'도 '슬로 라이프'도 아니지 싶다. 어쩌면 격의 없는 저 쿠바인들 바로 그들이 아닐까. 그 어떤 정치적 지향성이나 이념의 틀로 환원될 수 없는 삶을 대하는 그들의 자세가 아닐까. 인간에 대한 그들의 태도가 아닐까. '냉전체제의 기나긴 늦겨울을 지나가는 것처럼' 여태 레드컴

플렉스와 분단의 '옹색한 자루에 갇혀 사는' 꼬레아노들의 논리로는 도통 납득이 가지 않는 비자본주의적 타자들. 피식, 그냥 한번 웃고 넘기기에는 어딘가 모르게 우리와 우리 안의 편견의 항목들을 불편하게, 불안하게 만드는 구석이 분명 있다. 선명하다고 믿었던 가치나 사실들이 카메라를 따라 수시로 흔들리는 이유도 그 때문이지 싶다. 우리 사회의 평형수平衡水는 아닐지라도, 우리가 간과하거나 잃어버린, 혹은 우리에게 크게 결핍된 싱싱한 뭔가가 그들에게서 덩실거리기 때문이 아닐까.

쿠바의 애니깽들은 우리와 닮은 듯 사뭇 다르다. 영화를 보는 내내 그들에게 남아 있는 '우리 것'을 찾았지만, 거의 찾지 못했다. 그게 아쉬웠다기 보다는 오히려 그래서 더 큰 정情이 갔다.

제2장
아바나_음악의 섬

웃음도 문화일까
피아노에 갇힌 건반
가장 낮은 옥타브는 눈물이다
누가 그들의 골반을 단속할 수 있을까
<쿠바의 연인>: 인터뷰, 사이에서 보기Inter-View

웃음도
문화일까

자신을 활짝 열어놓은 채, 사람과 삶을 환대하는
카리브의 신명나는 웃음. 삶에 대한 자세와
인간에 대한 태도도 제도일까? 제도의 (부)산물일까?

1960년대에 담배 공장H. Upmann factory
에 취업해서 하루에 150개의 시가몬테크
리스토, Montecristo N.4를 말았던 콤파이 세군
도Compay Segundo. 사진은 그의 95번째 생
일을 기념해서 출시된 '몬테크리스토

콤파이Montecristo Compay' 한정판이다. 스페셜 밴드 속의 웃는 모습이 반지
처럼 시가에 딱 맞다. 영화 〈부에나비스타 소셜클럽Buena Vista Social Club〉
의 도입부에서 말레콘 해변을 배경으로 파도처럼 부서지던 〈찬찬Chan
Chan〉이 바로 그가 작곡한 쿠바의 국민가요다.

자신이 추구하는 손son 스타일에 맞게끔 7현의 새로운 기타를 직접 만들어서 유행시킨 기타 장인이었다. 쿠바의 전통 기타인 트레스tres와 스페인 기타를 접목한 아르모니코armónico 기타가 바로 그의 '작품'이다.

콤파이 세군도는 '뮤지코필리아음악애호', 시가 사랑, 우람한 생명력 등을 모두 흑인노예였던 자신의 할머니로부터 대물림 받았다. 사진을 통해서 단박에 알아챌 수 있듯이, 그의 시가 사랑은 유독 지독했다. 아주 어린 나이에 할머니로부터 직접 전수받아, 115살까지 천수를 누린 그 할머니처럼 그도 근 90년 가까이 시가를 피웠다. 기꺼이 쿠바산 시가

시가를 연필보다 먼저 쥐었던 콤파이 세군도.
시가는 그의 뮤즈였을까.

의 전도사이자 홍보대사 역할을 자임했다. 평생 기타와 럼을 손에서
놓지 않았듯이 입에서 시가를 뗄 줄 몰랐다. 영화 〈부에나비스타 소셜
클럽〉에서 야구 방망이만한 시가를 입에 물고 등장하던 콤파이 세군
도. 영화 촬영 당시 이미 90대였던 그는 이마의 주름살까지도 오선지
를 닮은 전설들 속의 전설이었다. 오죽했으면 라이 쿠더조차 그를 '발
견'하자마자 '대장el jefe'이라고 칭했을까. 일찍이 미겔 마타모로스Miguel
Matamoros, 베니 모레Benny Moré 등과도 협업했던 그야말로 살아있는 전설,
누구나 다 아는 걸어 다니는 거대한 악보였다.

구김살 없는   90살을 훌쩍 넘긴 나이에도 늦둥이를 낳고 할머니
주름살   처럼 115살까지 삶을 만끽하리라던 콤파이 세군도.
              아쉬움 가득 남긴 채 2003년 7월에 '음악으로만 당
도할 수 있는 곳'으로 영영 떠났다. 그때 그의 나이 고작(?) 95살. '요

절'한 셈이다.

살아생전에 여느 쿠바인들이 그렇듯이 '냉소로 쪼개지지 않는 100%의 웃음'을 난사하곤 했다. 얼굴이 쪼개질 것처럼 웃음이 잦고 컸다. 럼보다도, 시가보다도, 심지어는 음악보다도 웃음을 더 즐기기라도 하는 듯이. 사람들 사이의 거리를 유쾌하게 지웠다. 절망과는 늘 격렬하게 거리를 뒀다. 정말 그럴까? 신명은 정말 타고나는 것일까? 웃음도 문화일까? 늘 춤추던 그의 입꼬리를 따라 얼굴 가득 환하게 피어나던 저승꽃이 눈에 선하다.

자신을 활짝 열어놓은 채, 사람과 삶을 환대하는 카리브의 신명나는 웃음. 삶에 대한 자세와 인간에 대한 태도도 제도일까? 제도의 (부)산물일까? 콤파이 세군도, 그도 자신을 쿠바라는 국가에 구겨 넣으며 살았을까? 그냥 쿠바이기에 한 세기를 그렇게 신나게 훨훨 살다 간 걸까?

문화와 삶이 고스란히 경제지표에 담길 리는 만무하다. 진짜 음악이 악보에 없듯이.

쿠바, 그 섬에 가고 싶다.

피아노에 갇힌
건반

나에게 추억을 연주해 줄 수 있겠나?
빌리 조엘Billy Joel의 <Piano Man> 中에서

리듬과 타악기의 음반[1997]과 다큐멘터리[1999]로 출시되었던 〈부
용광로 에나비스타 소셜클럽〉의 이중주에 세계가 들
썩거렸다. 가히 쿠바 발發 음악 쓰나미라 할 법
했다. 특히나 영화는 카리브해, 곧 '소리바다'라는 등식을 성립시켰다.
그때까지 정치적·이데올로기적 섬으로 고립되었던 쿠바를 '음악의 섬
La isla de la música'으로 통通하게 만들었다. 미국에 의해 조성되었던 캐리
비언스타일의 베를린 장벽을 일시적으로나마 음악을 통해 허물었다.
　이러한 쿠바(음악) 열풍을 등에 업고 1996년에서 2000년 사이에 해
외 투어 공연을 떠난 쿠바 밴드들의 수가 1950년대의 그것에 버금갈

정도였다. 일례로, 1996~1997년에는 쿠바 정부에 소속된 1만1,600명의 뮤지션들 중 30% 가량이 해외공연을 다녀왔고, 1999년 한 해에만 무려 6,000명에 달하는 쿠바 뮤지션들이 50여 개국에서 거의 1,000회에 달하는 순회공연을 가졌다. 이 설탕보다 더 감미로운 사운드는 빈사 상태에 빠졌던 쿠바 혁명에 신바람을 불어넣으며 관광산업의 도우미이자 홍보영상 및 캠페인 송 구실을 한 것임에는 틀림없어 보인다. 음악영화 혹은 영화음악의 배경으로, 한 사람의 등장인물Character로, 백업 뮤지션으로 아바나라는 '소울풀 시티'는 참으로 매력적이었다. 동시에 피처링Featuring 격으로 등장했던 말레콘 해변은 '보지 못한 것에 대한 그리움'〈모터사이클 다이어리〉도 날로 자란다는 사실을 두고두고 상기시켰다. 특히나 온몸이 울림통이고 '몸관악기'였던 노장 뮤지션들의 노래와 연주 또한 듣는 이들의 귀를 발기시키기에 충분했다.

쿠바 근현대사의 질곡으로 주름진 그들의 삶은 그 자체로 하나의 음악 장르처럼 와 닿았고, 영화에 삽입된 그 어떤 곡보다도 더 깊고 당당한 울림을 자아냈다. 하여, 영혼을 연주하는 악사樂士들, 무사武士들이란 찬사가 전혀 아깝지 않았다.

그의 연주를 피아노만 들었을까

물론 귀에 거슬리는 부분도 없지 않았다. 가난한 쿠바가 눈에 밟히긴 했지만, 음반 및 영화 제작자들이 쿠바의 노장 뮤지션들을 '발견'했다는 논리는 너무 생뚱맞았다. 부당하게 업계에서 거의 퇴출당하다시피 했던 뮤지션들을 그들이 (재)발굴하고 구제했다는 논리 역시나 어처구니없기는 마찬가지였다.

영화는 이러한 서구 중심주의적 시각을 정교하게 포장하기 위해 무엇보다 먼저 쿠바를 선택한 음악인들을 혁명의 피해자로 지목한다. 그리고 70~90살 먹은 쿠바의 음악인들을 경력단절 뮤지션으로 간주하고 가난한 쿠바에 갇힌 불운한 뮤지션으로 묘사한다. 드림팀 멤버였던 루벤 곤살레스Rubén González, 1919~2003도 그렇게 무대 한가운데로 호명된다. 쿠바 혁명 탓에 변변한 피아노 한 대도 없는 가난한 무명의 피아니스트처럼 소개한다. 음반 발매를 진두지휘했던 라이 쿠더^{Ry Cooder}는 "여태껏 들었던 최고의 피아노 솔로 연주자"라며 무슨 대단한 '발견'이라도 한 것처럼 호들갑을 떤다. 흡사 대발견 시대^{대항해시대}의 서구와 신대륙간의 일방적인 만남을 연상시키는 언술이자 상술이다.

앤티크 악기?　　그들을 발견하고 발굴했다고? 가당찮다. 루벤 곤
인간 축음기?　　살레스의 경우는 특히 더 수긍하기 어렵다. 오죽했
　　　　　　　으면 쿠바의 음악학자인 엘리오 오로비오^{Helio Orovio}
가 느닷없이 "누군가 나타나서 루벤 곤살레스를 그들이 발견했다고 우
긴다면 우스워 죽을" 것이라고 힐난했을까. 그의 말대로 루벤 곤살레
스는 쿠바인들 곁에 '항상 있었다^{siempre ha estado}'. 설마 그의 연주를 피아
노만 들었고, 그를 알아본 이가 라이 쿠더뿐이었을까. 이 피아노 치는
노인을 만나러 쿠바로 갔던 어느 시인의 표현처럼 "그의 손을 심장에
찔러 넣고 한 달쯤 울고 싶어 했던"[12] 사람들이 어찌 〈부에나비스타 소
셜클럽〉 이전이라고 없었겠는가.
　　체구는 가장 왜소했지만, 〈부에나비스타 소셜클럽〉에서 루벤 곤살
레스는 녹슬지 않은 건반 장악력을 선보였다. 음 하나하나를 세공해내
는 단단하고 유려한 타건^{打鍵}은 그를 건반 위의 작은 거인으로 만들었

---

12) 이병률, 『바람의 사생활』, 창비, p 92.

'쿠바의 건반'으로 통하는 루벤 곤살레스.
저 '건반'이 정말 쿠바, 곧 피아노에 갇혀있었을까.
피아노에 갇힌 건반?

다. 젓가락 같은 깡마른 손가락은 더러는 드럼 스틱처럼 단호하고 강렬했고, 또 더러는 물수제비처럼 건반 위를 경쾌하게 거닐었다. 손가락 관절염을 앓는 78살 노장의 저력이 그 정도였는데, '멀쩡하던' 예전에는 어느 정도였을까. 쿠바인들은 그를 어떤 피아니스트로 기억했을까. 어떤 뮤지션으로 평가했을까. 그저 그런 앤티크 악기 취급을 했을까.

　루벤 곤살레스는 쿠바의 건반으로 통했다. 월드뮤직의 베테랑 탐험가 라이 쿠더가 황금 노다지, 곧 음악을 찾아서 아바나에 상륙하기 한참 전부터 이미 그는 아프로 쿠반Afro Cuban 재즈의 산 역사였다. 쿠바의 음악사에서 대가로 손꼽히는 피아노 거장들이야 건반 수만큼이나 많을 테지만, 루벤 곤살레스도 그 수많은 별들 중의 하나였다. 이그나시오 세르반테스Ignacio Cervantes, 추초 발데스Chucho valdés, 릴리 마르티네스Lili Martinez, 에밀리아노 살바도르Emiliano Salvador 등과 나란히 자타가 공인하는 쿠바의 최고 피아니스트 중의 한 명이었다. 〈부에나비스타 소셜클럽〉의 흥행 여부와는 하등 관계없이. 서구적 음악 산업 시스템에 편입되지 않았을 뿐, 1940년대부터 이미 아프로 쿠반 재즈 영역에서 일가를 이뤘다. 더군다나 전성기를 무대 바깥에서 보내지도 않았다. 연주하고 싶음과 연주할 수 없음 사이에서 재능과 시간을 허비하지도 않았다.

　〈부에나비스타 소셜클럽〉은 쿠바 혁명 정부에 의해 피아노 건반이 모두 '붉은 건반'으로 교체라도 된 양 엄살을 피우지만, 루벤 곤살레스는 혁명 이후에도 늘 피아노와 관객 앞에 앉았다. 지금은 전설이 된 당대 최고의 뮤지션들이 특히 그의 피아노 반주를 탐냈다. 피아노, 트럼펫 3대, 툼바도라tumbadora를 가미해서 쿠바의 전통 손son을 현대화하고 살사의 기틀을 마련했던 아르세니오 로드리게스Arsenio Rodriguez와 함께 1943년에 첫 앨범을 녹음했고, 쿠바와 라틴아메리카에서 뭉근한 사랑을 받았다. 차차차Cha-cha-chá의 아버지인 엔리케 호린Enrique Jorrin과는 1987년까지 무려 25년 동안이나 동고동락했다. 그의 사후에는 엔리케 호린 오케스트라의 리더로 활동하기까지 했다.

1평의　　　섬에 갇혀 살지도 않았다. 유람선 버지니아 호에서 태
소리무덤　　어나서 평생 배 안의 관광객들을 상대로 연주를 하다가
　　　　　　단 한 번도 육지를 밟아보지 않고 생을 마감한 영화 〈피아니스트의 전설〉1998 속의 천재 피아니스트와는 달랐다. 루벤 곤살레

스는 1945년에는 파나마를 시작으로 라틴아메리카 투어에 나섰다. 쿠바에 갇힌 뮤지션이 아니었다. 1957~1961년에는 베네수엘라와 아르헨티나에 거주하며 밴드 멤버들과 함께 활발하게 음악활동을 했고 라틴아메리카의 아티스트들과도 장르를 넘나들며 협업했다. 거의 일흔에 가까웠던 1980년대 말에 현역에서 은퇴했으니, 조기에 불명예 퇴출당한 뮤지션일 수는 없다. 피아노가 버린 건반이 아니었다. 이 카멜레온의 손은 발견과 발굴의 논리로 구축되는 〈부에나비스타 소셜클럽〉과는 애당초 맞지 않는 거목이었다.

여기엔 어울리지 않는 피아노맨

마마무의 <Piano Man> 中에서

건반들 사이에서 자유를 만끽했고 진맥이라도 하듯 건반을 눌러 제 몸에 고인 소리를 길어 올리던 피아노맨. 손가락 관절염까지도 더없이 스타일리시했다. 쿠바, 곧 피아노가 아꼈던 루벤 곤살레스는 2003년에 하늘로 무대를 옮겼다. 건반처럼 흐느끼던 쿠바인들의 검은 눈물을 뒤로 하고. 피아노 한 대 크기의 따뜻한 그늘로 누웠다. 모든 악보의 시작이자 끝인 침묵으로 누웠다.

가끔씩 꽃들이 찾아오는 피아노 무덤.

가장 낮은 옥타브는
눈물이다

나무가 악기인 것은
지워짐과 지워지지 않음을 넘어
전력을 다해 울기 때문이다.
김진경, 시집 『지구의 시간』 中 〈나무가 악기인 것은〉

silencio, que están durmiendo
los nardos y las azucenas…

영화 〈부에나비스타 소셜클럽〉에서 이브라임 페레르와 오마라 포르투온도가 볼레로^{bolero}인 '실렌시오^{Silencio}쉣!'를 열창하고 있다. 라이브 콘서트를 뮤직 비디오 스타일로 엮어내면서 빔 벤더스는 〈부에나비스타 소셜클럽〉에서 요란스럽지 않은 카메라 워크와 단순하면서도 절제된 영화 문법을 채택했다. 화면 톤이 서로 다른 소니 디지베타와 디지털 핸디캠으로 촬영된 쇼트들을 적절하게 배합했다. 치밀하게 계산된 줄거리나 둔탁한 메시지를 타이틀로 내세우기보다는 소리와 이야기와 흥을 통해 관객과의 즉흥적인 어우러짐을 꾀했다. 특히나 음악과 영화를 중매하며 관객의 감정선을 조율하는 연출력과 편집술은 가히 일품이었다.

　관객의 눈물까지 훔치는 빔 벤더스의 출중함은 이브라임 페레르와 오마라 포르투온도가 '실렌시오'를 절창할 때 그 절정에 이른다. 오마라 포르투온도가 슬픔을 토해내는 '맑은 울음주머니'가 되는 순간, 또 다른 우는 악기인 이브라임 페레르는 그 쟁여진 설움을 토닥이는 손수건이 된다.

맑은 울음주머니와 우는 악기　　"우는 내 모습 행여 본다면, 꽃들은 죽을 테지", "내가 아파하는 걸 눈치라도 챈다면, 내 슬픔 때문에 꿀도 눈물짓겠지." 울고프게 저리는 삶의 깊은 슬픔을 긁어 올리는 '실렌시오'의 정갈한 가사와 멜로디는 한 쌍의 봉고^{bongo}처럼 듣는 이의 가슴을 둥둥 두드렸다. '꽃'과 '꿀'

의 눈도 매워지게 하는 그 가사와 멜로디는 두 아티스트의 완벽한 화음과 어우러져 듣는 이의 가슴에 묵직하게 얹혔다. 라틴 재즈에 대한 오마주인 다큐멘터리 〈54번가Calle 54〉의 백미였던 아버지 베보 발데스스웨덴으로 망명와 아들 추초 발데스쿠바 거주의 엔딩 듀엣에 버금가는 실로 가슴 저릿저릿한 순간을 연출했다. "눈물도 음악이 될 수 있다면, 난 참으로 오래간만에 음악을 들은 것이다."

하지만, 영화 〈부에나비스타 소셜클럽〉 안팎에서 구축되는 타자의 발명·발굴·(재)발견의 논리는 눈엣가시처럼 걸린다. 몰입을 방해하고 쿠바에 대한 '선입견'을 조장하고 강화하기에 충분하다. '쿠바 혁명에 의해 뮤지션들이 대중과 유리되었고 세계 시장에서도 철저히 고립되었다'는 식으로 해석하는 것 또한 애석하기 짝이 없는 노릇이다. 〈부에나비스타 소셜클럽〉이 '발굴'하고 '발견'했다는 이브라임 페레르Ibrahim Ferrer의 경우를 잠깐 살펴보자.

노인들을 위한 나라는 없다?! 　　비움의 철학과 빈자의 미학을 체득한 그는 동료 뮤지션보다는 오히려 대중과 더 친밀하게 소통했다. 서구 음반 제작자들의 눈에는 '신인'으로 보였을지 모르나, 자타가 공인하던 과라차guaracha, 손son, 볼레로bolero의 대가 중 한 명이었다. '슈사인보이'이기도 했던 그는, 유명한 소네로sonero였던 파초 알론소가 주도한 밴드Pacho Alonso y sus Bocucos

의 보컬리스트로 쿠바 혁명 이후에도 활발하게 활동했다. 속된 말로 '벙어리 가수'일 리가 없었다. 한 1~2년 반짝하고 자취를 감춰버린 '슈거맨'도 아니었다. 언더그라운드 뮤지션도 아니었고, 영화에서처럼 '늦깎이 신인' 대접이나 받을 그런 위인이 아니다.

쿠바 미사일 위기가 있던 해인 1962년에는 밴드 멤버들과 함께 프랑스와 프라하를 비롯한 동유럽 등지로 순회공연을 떠났고, 그해 10월에는 볼쇼이극장 무대에 올랐으며, 만찬장에서는 구 소련의 후르시초프 서기장 바로 옆에 배석하기도 했다. 게다가 보쿠코스와의 칠레 공연을 끝으로 라이 쿠더가 쿠바로 오기 약 5년 전인 1991년^{65세}에 공식적으로 은퇴했으니, 쿠바 혁명에 의해 철저하게 매장되고 음악활동에 많은 제약을 받았으리라 단정하는 것은 서구적 음악 산업 시스템에 근거한 단성_{單聲}적인 해석이다. 혁명 이후의 음악 관련 제도 변화 및 문화정책에 대한 몰이해와 거부감의 표출이 아닐까 의심스럽다.

이와 관련해서는 당사자인 이브라임 페레르 본인이 직접 "외국 관광객이 아니라 쿠바인을 위해서 음악을 할 수 있었기에 혁명 이후의 상황이 한결 나았다"고 증언하기까지 했다. "음악인들과 청중들과의 일체감도 훨씬 더" 강했다고 술회했다. 더군다나 쿠바뿐만 아니라 다른 모든 나라들에서도 시간의 흐름에 따라, 취향과 감각의 변화에 의해, 자본을 위시한 여타 비예술적 논리에 떠밀려, 한 시대를 풍미했던 숱한 거장들이 대중의 망각 속으로 사라졌고 사라지는데, 왜 유독 쿠바의 경우에만 이례적인 의미를 부여하려고 애쓰는가. 정도의 차이는 있을지언정 세상 어디에도 '노인들을 위한 나라'는 없지 않은가. 지금 이 순간에도 숱한 노인들이 산업폐기물처럼 버려지는 게 부인할 수 없는 이 땅의 현실이지 않은가.

그리고 루츠 음악의 탁월한 발굴자인 라이 쿠더는 이브라임 페레르를 '쿠바의 넷 킹 콜Nat King Cole'이라고 명명하는데, 이 또한 당혹스럽기는 매한가지다. 어떻게 넷 킹 콜이 '잊혀진 존재'가 될 수 있겠는가. 넷 킹 콜이 어떻게 70살에 '발견'될 수 있을까. 비유 구문 자체가 비문이다. 하기야 1930~1950년대 쿠바 음악의 거장을 지목하는 것이 쿠바에서 '골초'를 찾는 일만큼이나 난망한 노릇이지 싶다. 그렇지만 쿠바의 넷 킹 콜이라는 수식어는 단손과 손, 볼레로와 필링fiin, 맘보와 룸바 등 거의 모든 쿠바 리듬에 통달했던 '리듬의 달인' 베니 모레Benny Moré에게 돌아갈 몫이 아니던 가.[13] 물론이다. 스킬과 기교가 아닌 날것의 음성으로 밑질긴 속슬픔을 잘 발효시켜 두 차례나 그래미상비록 그래미상 수상을 위한 미국 입국이 미국 정부에 의해 거부되었지만을 거머쥔 이브라임 페레르를 폄하할 이유는 전혀 없다. 따뜻하게 슬픔을 길어 올리는 그의 크루닝은 듣는 이들의 음악적 성감대를 자극하기에 손색이 없었다. '구두약처럼 검은 얼굴'에 구두코보다 더 광나는 눈과 자긍심을 가진 그의 삶과 신명그는 자궁에서부터 춤추고 노래했다고 말하곤 했다과 종교아프리카 기원의 산테리아와 쿠바 혁명에 대한 꼿꼿한 신심은 〈부에나비스타 소셜클

---

13) 이브라임 페레르는 한때 클럽 아빌라르(Avilar)에서 베니 모레와 함께 활동하기도 했다.

이브라임 페레르(1927~2005)의 솔로 앨범(Buena Vista Social Club Presents Ibrahim Ferrer) 표지. 앨범에는 손('찬찬'이 여기에 해당한다), 볼레로(느린 템포의 낭만적인 발라드, 쿠바에서 멕시코를 비롯한 라틴아메리카 전역으로 확산), 구아구앙코(룸바의 하위 장르), 과히라(쿠바의 컨트리사이드 음악) 등에 속하는 11곡이 수록되어 있다.

럽〉의 단연 압권이었다. 다만, 그를 '발굴' 혹은 '발견'했다고 부당하게 홍보하거나 쿠바 혁명의 피해자로 과장, 포장하는 것은 문화자본의 상품 판매 전략이자 차별화 전략이 아닐까 몹시 의심스러울 따름이다. 손son의 대가가 부전공인 볼레로bolero로 월드 스타가 된 것도 의아하긴 마찬가지다.

〈부에나비스타 소셜클럽〉에서 카메라가 그 '발견'과 '발굴'의 미학을 가장 노골적으로 드러낼 때는 오마라 포르투온도를 따라갈 때이다.

생에 감사해요　　그녀는 유명한 '트로피카나Tropicana' 클럽의 댄서가
Gracias a la vida　　된 자기 언니를 따라 음악을 시작했지만 언니를 따라 망명하지는 않은 쿠바의 디바다. 쿠바의 디바? 혹자는 공연 중간 중간에 추임새처럼 "설탕!Azúcar!", "설탕!Azúcar!"을 연호하던 '살사의 여왕' 셀리아 크루스Celia "Azúcar" Cruz를 먼저 떠올릴 수도 있겠다. 하지만 셀리아 크루스는 쿠바 혁명 직후 쿠바를 버리고 미국으로 망명함으로써 설탕 나라의 디바로 기억되기에는 왠지 모를 씁쓸한 뒷맛을 남겼다.

어찌되었든 오마라 포르투온도 역시 1970년대부터 국내는 말할 것도 없거니와 프랑스, 일본, 벨기에, 핀란드, 스위스 등지에서 수차례 공연을 가진 이래 줄곧 쿠바 음악사의 한 페이지를 다채롭게 채워가고 있었으니, 무명도, '한물간' 뮤지션도 될 수 없다. 쿠바 혁명에 의해 재갈이 물렸다거나 대중과 유리되었다고 속단해서도 곤란하다. 영화 〈라비

앙 로즈〉의 실제 인물인 에디트 피아프에 곧잘 비유되는 그녀는 〈부에나비스타 소셜클럽〉의 처연하고 애잔한 페이소스에 갇히기에는 '음역'과 활동 폭이 너무 넓다. 그러나 카메라는 그녀가 1970년대 초반에 이미 엘레나 부르케와 함께 누에바 트로바^{Nueva trova} 음악의 여성 대표주자 중 한 명이었다는 사실을 애써 외면한다.

쿠바 혁명정부의 대표적인 문화 기구로 라틴아메리카 문화예술의 메카이자 누에바 트로바 운동의 요람이었던 '아메리카의 집^{Casa de las Américas}'과 그녀가 맺은 30년 가까운 동지적 관계 역시 안중에도 없다. 혁명적 결기를 시적인 서정으로 풀어낸 '소총 곁에 손 음악^{Junto a mi fúsil mi son}'이라는 혁명 가요를 대중화시킨 장본인이 그녀라는 사실에도 카메라는 끝내 눈을 감는다. 알 만한 사람들은 다 아는 이런 모든 사실들을 애써 외면한 채 〈부에나비스타 소셜클럽〉은 신인 발굴 제작자의 시선으로 이 '성대^{聲帶} 미녀'의 뒤를 지나치도록 과묵하게 따라간다.

근자에는 부쩍 '생에 감사해요^{Gracias a la vida}'라는 노래를 즐겨 부르는 쿠바의 에디트 피아프. 90살 생일을 자축하며 비대면 콘서트를 선사했던 쿠바의 영원한 봄 나비^{mariposa de primavera} 오마라 포르투온도. 이래저래 〈부에나비스타 소셜클럽〉에는 달콤한 이 쿠바의 흑설탕이 제대로 녹아있지 않다. 전설을 늦깎이 신인으로 둔갑시켜 세계시장에 내놓는 모양새랄까. 영화의 엄청난 흥행 돌풍에도 불구하고 정작 쿠바인들이 뜨악하고 마뜩찮아 하는 데는 다 이유가 있다.

누가 그들의 골반을
단속할 수 있을까

혹여 내가 보이지 않거든
안달루시아나 쿠바에서 날 찾아라.

- 페데리코 가르시아 로르카-

영화 〈부에나비스타 소셜클럽〉은 쿠바 혁명에 다소 적대적이다. 노골적이라고 할 수는 없을지라도 반감을 숨기지는 않는 듯하다. 영화에서 쿠바 혁명은 음악인들에게 재갈을 물리고 그들을 조기에 불명예 은퇴시킨 장본인으로 환기된다쿠바의 평균수명이 79살로 〈식코〉의 나라 미국을 추월한 선진국 수준이며 스크린을 달구는 노장 뮤지션들이 대부분 70~90살이라는 사실은 잠시 잊도록 하자. 부당하게 쿠바 음악아프로-쿠반 재즈, 손, 단손, 볼레로 등을 도태시켰을 뿐만 아니라 대중음악에 철퇴를 가한 보이지 않는 손으로 지목된다. 예컨대 음악(인)이 쿠바 혁명에 '전속'되었다는 논리다. 이것은 빔 벤더스와 라이 쿠더가 쿠바 혁명에 붙이는 첫 물음표이자 느낌표다. 음악에 눈이 멀어 간과하기 쉽지만 선뜻 맞장구치기도 쉽지 않은 논리다. 왜냐하면 이것은 혁명 전이나 후의 부단한 섞임과 접목 및 다양한 실험들을 도외시한 채 쿠바 음악을 지극히 정태적으로 파악하기 때문에 빚어진 오해와 왜곡이기 때문이다.

쿠바 혁명 이후에 실질적으로 가장 크게 변한 것은 음악의 생산 시스템, 소비 방식, 유통 구조, 교육 체계였다. 대중의 예술 수용 및 참여 방식, 정부와 전문 음악인의 관계 설정정부로부터 월급을 받는 뮤지션, 공연 메커니즘 등이 크게 바뀌었다. 특히나 '문화의 집Casa de Cultura'을 위시한 새로운 문화 기구들의 설립과 운영 등과 관계된 문화정책의 기조가 확 달라졌다. 물론 '이념이 노래였던 시절'에는 정치적으로 올바른 누에바 트로바정치음악 혹은 관변음악 류의 노래가 널리 애창된 건 사실이다.

1960년대 중반부터 1980년대 중후반까지팀바 열풍과 경제 위기가 닥치기 전까지
정책적, 재정적 후원을 받지 못한 댄스음악은 상대적으로 홀대를 당했
다. 퇴폐적이고 과거 회귀적이며 부르주아적이라는 낙인이 찍혔다. 대
개는 음악 장르나 특정한 그룹 혹은 뮤지션의 문제라기보다는 가사의
체제 비판적 뉘앙스와 선정성1997년의 차랑가 아바네라을 빌미로 일부 곡들을
부당하게 금지곡 목록에 가두기도 했었다. 하지만 1974년 이후로 쿠바
혁명 정부는 '음악의 코스모폴리탄적 다양성'을 수용했다. 서양의 전
통 클래식, 아프로-쿠반 컬트 뮤직, 민속음악 등은 물론이거니와, 펑크
락Punk Rock을 제외한 국내외의 거의 모든 대중음악을 사실상 용인했다.
비록 저항가요나 누에바 트로바가 쿠바 혁명의 '주제음악'을 담당했다
손 치더라도, 위에서 언급한 다채로운 음악 장르가 혁명 이후 쿠바 사
회의 실질적인 사운드 트랙 구실을 했다.

호모 뮤지쿠스의 땅   실제로 〈부에나비스타 소셜클럽〉의 매
파媒婆 역을 담당했던 환 데 마르코스 곤살레
스가 갈파했듯이 "많은 사람들이 생각하는 것과는 달리 카스트로 이
후에도 쿠바 음악Cuban Music은 지속되었다." 때로는 혁명과 하모니를 이
루고, 때로는 엇박을 이루며 사운드 혁신은 이어졌다. 브라질에서 축
구공을 압수할 수 없듯이 쿠바에서 기타에 재갈을 물릴 수는 없는 노
릇. 아바나의 혁명광장에 24시간 등불이 꺼지지 않듯, 혈관을 타고 비

트가 흐르는 사람들이 거주하는 '음악의 섬'에서 노래와 연주가 멈춘 적은 없었다.

〈부에나비스타 소셜클럽〉이 오해를 유도할 수도 있겠으나, 음악은 마이애미로 망명하지 않았고, 뮤지션들은 과거로 도피하지 않았다. 〈부에나비스타 소셜클럽〉이 노장 뮤지션들을 내세워 1920~1950년대의 흘러간 옛 노래를 달콤하게 소환하지만, 쿠바의 뮤지션들은 '익숙한 옛 것'에 얽매이지도 그것에 끌려가지도 않았다. 되레 '나쁜 새로운 것'에 늘 더 끌렸다. 부단한 섞임과 접목 및 다양한 실험들을 통해 전통을 업데이트함과 동시에, 영화 〈아바나 블루스〉에서 라디오 DJ가 언급했듯이, "섬에 상륙한 새로운 음악에는 어김없이 카리브의 색깔을 입혔다." 쿠바의 전통 음악이 카리브로 흘러든 새로운 음악 조류와 흥건하게 섞였다는 얘기다. 쿠바 음악은 늘 밖으로 열려있었고 대서양을 건너온 파도Wave를 온몸으로 받아 안았다.

라틴아메리카를 강타했던 K-팝, K-드라마, K-뷰티특히 네일 아트 돌풍의 진원지 중의 한 곳도 '봉쇄된' 쿠바였다. 미국이 쿠바를 봉쇄하며 어깃장을 놓았지 쿠바는 빗장을 걸지 않았다.

만일 내가 춤출 수 없다면 그건 내 혁명이 아니다.

-엠마 골드만-

쿠바 혁명 이후 자본주의적 음반 산업이 낙후되었다면 낙후되었지

음악이 빈곤하지는 않았다. 세계 음반 시장에 상품으로 출시된 쿠바 뮤지션이 많지 않았을 뿐, 뮤지션들은 넘쳐났다. 수많은 윤도현들이 버스킹으로 살아가는 곳이 쿠바 아닌가. 악보도 제대로 볼 줄 모르는 '토박이 농부Guajiro natural'가 폴로 몬타녜스Polo Montañez인 곳이 쿠바 아닌가. 〈부에나비스타 소셜클럽〉이 펼치는 빅쇼의 게스트들은 대부분 70~90살이지만, 그래서 자칫 쿠바 음악의 맥이 끊긴 것처럼 들릴 수도 있겠지만, 혁명 이후 쿠바 음악은 젊은 피를 대거 수혈하며 변화와 혁신을 꾀했다.

빔 벤더스와 라이 쿠더는 〈부에나비스타 소셜클럽〉 속의 노장 뮤지션들을 마치 쿠바의 전통 음악, 특히 손son의 마지막 전수자인 것처럼 분위기를 한껏 띄우지만, 억지 몰아가기다. 시류에 떠밀린 건 맞지만, 세대교체와 맞물리기도 했지만, 젊은 뮤지션들에 의해 손son은 오히려 한결 더 싱싱해졌다. 낡은 형식에 감금당하지 않고, 적극적으로 변화를 수용, 세대적 감각에 맞게 현대화의 길을 모색했다. 당연히 재능 많은 후세대 소네로sonero와 밴드들이 속속 그들의 뒤를 이었다.

쿠바 최고의 예술교육 기관인 국립예술학교Escuela Nacional de Arte: ENA 출신이자 '손의 신사El Caballero del Son'로 통하는 아달베르토 알바레스와 그의 밴드Adalberto Álvarez y su Son 14가 그 좋은 예다. 게다가 1970년대에 태어난 에키스 알폰소X-Alfonso나 오스달히아 레스메스Osdalgia Lesmes처럼 몸뚱이 속에 북 가락이 펄떡거리는 쿠바의 제3세대 뮤지션Golden Boys들은 아바나 거리에 야구 방망이 든 아이들만큼이나 흔하지 않은가. 혁명이 디폴트인 사회에서 태어났으되, 정치적 반듯함에 크게 구애받지도 않는다. 1959년의 쿠바 혁명을 부정하지는 않지만 누추한 현실과 가난한 혁명을 타악기 다루듯 거침없이 질타한다.

이들 '혁명의 자식들'은 이전 세대와는 정치적 경향도 음악적 성향도 다르다. 정치적 색깔은 더 옅거나 모호하고 음악적 취향은 무시로 바뀌고 섞인다. 대서양을 건너온 지친 파도 같았던 〈부에나비스타 소셜클럽〉 속의 노장 뮤지션들이 아니라 쿠바 혁명 이후에 태어난 이들이 바로 쿠바 음악의 활력의 배후다. 이들에 의해 쿠바의 전통 음악에 랩이 얹히고 힙합이 가미되어 때론 펑키하고 때론 관능적인 분위기를 연출하는 무대가 아바나 곳곳에서 수시로 펼쳐진다. 섬나라 뮤지션들은 안다. 뭍을 껴안지 않으면, 섞이지 않으면 썩는다는 사실을. 육지와 섬 사이를 바람과 파도는 오고 간다는 사실을.

가난한 나라의   리듬앤드블루스R&B, 힙합·랩, 레게, 재즈 등을 '힙
'흥'부자들   하게' 넘나들며 다채로운 음악적 스펙트럼을 발산
                하는 다나이 수아레스Danay Suárez, 1985~와 같은 뮤지션
들을 대량생산하는 쿠바. 혁명 전이나 후나 음악에 관한 한 쿠바는 대체
불가능한 호모 뮤지쿠스의 땅이다.

쿠바인들에게는 니체의 말대로 '춤추지 않고 보낸 하루는 삶 없이 보
낸 하루'에 불과하다. '동전 떨어지는 소리에도, 오토바이 시동 거는 소
리에도 춤을 추는 쿠바인들'⟨시간의 춤⟩, 누가 그들의 골반문화를 단속할
수 있을까. 쿠바보다 더 신명나는 나라가 지구상에 몇이나 될까. 있기
나 할까. 그자체로 낡고 거대한 현악기 같은 쿠바.

그 단단한 生의/악기 속으로/
아무래도 나는/음악처럼 가야겠다.[14]

살롱 뮤직이나 '실내음악'이 아니라, 홀과 스튜디오 바깥, 달러 냄새
가 아니라, 땀 냄새 흥건히 배인 길거리, 광장 음악은 〈부에나비스타 소
셜클럽〉에 없다. 보이는 신명이나 출렁거리는 거리의 소리에는 도통 귀
를 기울이지 않는다. 그러니 피사체를 향해 달려가고 싶은 이들이여, '뮤
지코필리아'[15]의 땅 쿠바와 그 음악에 함초롬히 젖어든 자들이여, 음악

---

14) 박정대, 『내 청춘의 격렬비열도엔 아직도 음악 같은 눈이 내리지』, 민음사, p 138.
15) 'Musicophilia'는 인간의 음악적 성향을 선천적인 것으로 간주하며 올리버 색스가 주조한 '음악-사랑'의
합성어다.

을 달러로 구매하려고만 하지 말라. 카바레와 레스토랑에서 듣는 쿠바 음악 '반주'에 '안주'하는 꼴이란 쿠바에서 시가를 끽연실에서 태우는 맛이니. 즉흥적인 어울림과 살아 펄떡거리는 골반문화를 만끽하려거든 길거리로 광장으로 아바나 밖으로 발품을 팔지어다. '소유의 길을 따르지 않은' '작지만 강한' 나라의 푸진 가락과 신명을 찾아서. '저항을 배운' 자들의 고통과 희망의 변주곡을 눈으로 직접 들으면서.

그리고 잊지 말아야 하지 않겠는가. 시커먼 설탕눈물이 배인 쿠바의 춤과 노래와 퍼커션들은 신산한 나날을 날려버리던 위무이었음과 동시에 한과 슬픔의 날을 벼리던 무기였음을. 거의 모든 형태의 잡종과 변종의 계보^{악보}를 아우르며 전방위적 섞임에 늘 개방적이었음을. 쿠바도 쿠바 음악도.

〈쿠바의 연인〉
: 인터뷰, 사이에서 보기^{Inter-View}

밥도 못되는 사상보다
남은 밥도 줄 줄 모르는 사상이
먼저 무너져야 한다.
백무산, 시집『길은 광야의 것이다』中 〈밥 먹고 보자〉

1. 믿는 것을   영화 〈부에나비스타 소셜클럽〉에는 거슬리는 부분
보는 것이다   도 없지 않았다. 동명의 음반과 듀엣을 이루며 여러
              긍정적인 시너지 효과를 창출했음에도 불구하고, 쿠
바 음악과 쿠바 내지는 쿠바 혁명에 대한 '낡은' 이미지를 산출·유포했
다. 은둔-정체-퇴행-괴사의 이미지들로 온통 스크린을 도배하다시피
했다. 음반의 라이너 노트가 그랬듯이 영화의 내레이션에 내장되었던
서구 중심주의적 시각 또한 영상과 선율을 타고 고스란히 관객에게 전
이되었다. 이에 따라 관객은 스스로의 관점에 의해서라기보다는 카메
라의 동선과 시선이 조성하는 이미지를 통해 아바나를 보고 쿠바를 해
석했다. 일상적인 삶의 사운드 트랙 구실을 하는 대중음악은 대개 그

음악을 배태한 장소의 정치적, 사회적, 경제적, 물질적 측면들을 반영하고 그 장소를 표상하기 마련일 테지만, 영화와 거기에 삽입된 음악은 되레 그 장소를 규정하고 생산했다고 하는 편이 더 나을 성싶었다.

혁명의 피델리티Fidel-ity와 체볼루션Che-volution의 퇴조, 낡아빠진 현악기 같은 건물들, '서러운 악보처럼' 지난 시대의 부유물처럼 떠도는 사람들, 떠도는 기억들. 그야말로 몰락 이후의 폐허의 이미지를 엮어냈다. "삶이 가난한 것은 건물 때문이 아니"[16]고 봉쇄와 고립이 또 어떻게 낭만적인 볼거리가 될 수 있을까마는 〈부에나비스타 소셜클럽〉 속의 카메라는 노회한 현실을 따라가며 곤핍한 상황(만)을 예리하게 도려내서 감미롭게 변주했다. 쿠바를 온통 상실과 결핍의 이미지들로 가득 채웠다. 〈부에나비스타 소셜클럽〉, 귀를 맑게 씻어주지만 '눈에는 썩 좋아 보이지 않았다No muy buena vista.'

왜 그랬을까? 이유는 간명했다. 그저 믿는 것을 보고, 보고 싶은 것(만)을 찍었기 때문이다.

> 당신에게는 무엇을 '보느냐 look'가 아니라, 무엇을
> '인식하느냐 see'가 시급하리라.
> 강희안, 시집 『나탈리 망세의 첼로』中 「카메라의 눈」

그런데, "내가 보고 싶은 것만을 담는 건 현지인들에 대한 예의가 아

---

16) 박정대, 시집 『삶이라는 직업』 중 〈해적 방송〉

니다"라고 단언하는 이가 있다. 그런 관점과 관심을 갖고 자신(과 가족)의 민낯과 동시에 쿠바의 속살에 카메라를 들이댄 이가 있다. 이는 물론 설탕, 혁명, 음악, 의료, 유기농과 도시농업, 체 게바라 등과 같은 익숙한 낯섦을 소비하려는 것이 아니라 현실의 하중과 정황들을 날것 그대로 담아내고자 함이다. "그리운 미래"『『몰락 선진국 쿠바가 옳았다』를 시현하고 있는 탈 자본주의 '대안사회'로 간주, 지나치게 쿠바를 낭만적으로 이상화하거나, 반대로 혁명 이후의 쿠바 사회를 대놓고 폄훼하고 악의적으로 박제화하려는 기왕의 모든 시도와의 결별선언인 셈이다. 〈쿠바의 연인〉의 정호현 감독이 바로 그 주인공이다. 아바나에서 초콜릿색 남자를 만나서 쿠바 식으로 연애하고, 이후 서울에서 한국 식으로 결혼생활을 하고 있는 자칭 타칭 '쿠바에 미친 여자'. 10살 연하의 쿠바 남자와 매일 살을 섞고 사는 호사(?)를 누리면서도 늘 쿠바에 허기진 채로 카리브에 흠뻑 젖어 살고 있다.

〈쿠바의 연인〉은 그런 그녀의 쿠바에 대한 열정과 냉정한 비판 모두를 담았다. 감독판 '내 연애의 모든 것'이라 할 수 있는 〈쿠바의 연인〉은 쿠바에 띄우는 열렬한 연애편지이자 감독이 관객에게 건네는 일종의 영상 청첩장이다. 서로가 서로에게 이방인인 그들의 '사랑'을 편견 없이 '지켜봐달라는', 아니 어쩌면 그들의 '연애혁명'을 '지켜주기를 바라는' 간곡하고도 완곡한 당부의 변辯으로 보인다. 아울러 쿠바 한인韓人 이민사의 한 단면을 끄집어내면서 쿠바와 한국 사회의 이면을 동시에 들여다보는 '리얼리티'에 관한 영화이기도 하다. 자신을 반영하고 반성하는 지극히 사적이면서도 정치사회적인 함의들을 잔뜩 품고 있는 영상 에세이풍의 '연애다큐'다. 정치적 입장이나 사상의 차이를 덮어둔다면, 펜 대신 카메라로 써내려간 '뼛속까지 자유롭고 치맛속까지 정치적인' 연애 비디오 다이어리라고 해도 무방해 보인다. 영화의 주된 문제의식 중의 하나는, '사적인 것이 가장 정치적이다'라는 소수자 운동의 오랜 슬로건과도 일맥상통한다. 가장 내밀하고 사적인 행위라 할 연애와 사랑도 가치, 규범, 제도, 인습, 가족, 이데올로기 등등과 매우 '피곤하게' 얽혀있음을 노골적으로 드러내 보여주기 때문이다. '사랑과 사회의 역학관계'를 차갑게 성찰하는 카메라의 시선은, 그러므로, 낭만적 사랑에 매몰되지 않고 점차 사회적 현실에까지 그 시야를 확대한다. 〈쿠바의 연인〉이 단순한 사랑 이야기 이상인 이유는 바로 여기에 있다.

　그러나 그렇다고 해서 정치적인 영화라거나 쿠바 식 사회주의혹은 한국형 신자유주의에 대한 꼼꼼한 분석이라는 뜻은 물론 아니다. 배타적이고 가

부장적인 규율 질서나 (여)성의 억압 기제 탓에 흔들리고 휘둘리다가 끝내는 탈 낭만화의 수순을 밟게 되는 그저 그런 연애 서사라는 얘기도 아니다. 제국식 낭만주의로 포장되었던 〈부에나비스타 소셜클럽〉 식의 상업적이고 표피적인 탐문이나 탐방이라는 의미는 더더욱 아니다. 그러나 달리 생각하면, 역설적으로 들릴 수도 있겠으나, 오히려 '이 모든 것이면서 그 어느 것도 아니다', 라고 이해하는 편이 더 타당할 듯싶기도 하다. 왜냐하면, 서사 전개 방식과 카메라의 이동경로를 놓고 보면, 그 각각의 흐름쿠바 들여다보기와 한국 사회 삐딱하게 보기, 자전적 연애사와 애니깽 이야기에 얼마간 서사를 맡기면서도 그 어느 한 방향으로 서사를 몰아가지는 않기 때문이다. 감독의 달콤 쌉싸름한 연애담이 영화의 큰 줄기, 곧 서사의 등뼈임에는 분명할지라도, 어슷하게 포개놓은 다른 여러 갈래의 서사들과 메시지들을 압도한다고 보기는 어렵다. 그렇다고 단정하기에는 서사의 흐름이 꽤나 분절적이고 분산되어 있는데다서사의 방향을 수시로 꺾는데다 카메라가 산만하고 의욕이 '넘쳐' 보이는 게 사실이다. 그래서 어쩌면 영화의 힘과 흠, 개성과 한계 모두가 감독의 이러한 서사적 배려와 욕심에서 연유한다고 해도 그리 틀린 말은 아닐 터이다.

당겨 말하건대, 영화는 사랑이라는 혁명, 애니깽 이야기애니깽에 '관한' 이야기가 아니라 애니깽이 들려주는 쿠바 이야기, 쿠바 식 사회주의가 앓고 있는 증상들, 그리고 우리 안의 불평등의 크기와 차별의 깊이를 반추하는 자기 응시와 관련된 수다한 에피소드들을 느슨하게 엇섞어 배열하고 있다. 비록 그것들이 양적으로 서로 비등한 것은 아닐지라도, 크게 보아 이렇게 이질적인 네 개 층위의 서사들을 투박하게 겹쳐 그려 보이고 있다. 그들 사이에 영화가 엉거주춤하게 걸려 있다고 해도 될 정도로. 요컨대 어떤 범주에 넣어야 좋을지 종잡기 어려운 〈쿠바의 연인〉은 다양한 결을 가진 텍스트다. 그럼 이제 그 각각의 결을 한번 짚어보자.

혁명이 뭐겠어. 우리 결혼할래.

장석원, 시집 『아나키스트』 中 〈젊고, 어리석고, 가난했던〉

2. 차이와 평등을 존재양식으로 하는 연애

"연애는 혁명이다." 감독 정호현의 도발적인 단언이다. 사랑을 승인받고 '연애의 온도'와 방식으로 결혼을 건사하기 위해서는 겹겹의 편견·차별과 싸워야하는 '쿠바의 연인'들의 연애는 다분히 혁명(적)이라 할 만하다. 그도 그럴 것이 차이가 가장 격렬하게 드러나는 쿠바 남자와 한국 여자의 연애 과정은 험난한 쟁투 과정이 될 수밖에 없고, 더군다나 통속의 세계에서 결혼은 낭만 이전에, 아니 낭만 이후의 현실이자 제도이기도 하니까. 사랑의 방법론이 싸움이고, 또 그 싸움의 대상이 적대적인 현실이거나 완강한 사회적 편견이거나 삶과 일상을 구속하고 단속하는 기왕의 규범 혹은 관습이라면, 사랑은 기실 혁명적 행위와 크게 다르지 않을 것이다. 억압적인 통념에 저항하는 그 사랑이 쿠바인의 시각과 쿠바 사회의 논리를 흔쾌히 받아들일 때, 나아가 그것을 생활 감각과 관계의 원리로 승인할 때, 바로 그때서야 비로소 제대로 단단해지는 것이라면 더더욱 그러할 터.

여하튼 간에 싸움의 구도에서부터 각론, 방법론, 전략에 이르기까지 사랑은 혁명과 그 차원을 달리하면서도 은근 닮은 구석이 적잖다. 그러나 이러한 사정에도 불구하고, 감독이 다소 섭섭해 할 수도 있겠으나, 그들의 싸움이 결코 호락호락하지 않을 것이라는 사실을 모르는 바 아니나, 혁명의 구조에 빗대어 연애를 소개하는 것은 혁명과 혁명의 나라 쿠바를 여전히 낭만의 범주에 묶어두고 바라보는 사유의 소산이자, 그것들을 다분히 상업적으로 호명하는 방식이라고 해도 그리 야박한 평가는 아니지 싶다. 평등을 요구하는 차이들의 강인한 포옹으로 성사된 그 사랑이, 다시 말해 그 '혁명'이 거대한 일상을 압도하기를, 그래서 끝내는 감정적 균열의 경험 없이 현실과 행복한 동거^{同居}에 들어가기를 바라는 맘이야 그 누구 못지않게 간절하지만. '혁명'을 소비하는 구태가 아쉬운 건 어쩔 수 없는 노릇이다.

우리 인생의 진정한 감독은 우연이다.

파스칼 메르시어, 『리스본행 야간열차』 中에서

어쨌거나, 혁명의 문법을 따라가는 그 '연애혁명'이 영화가 된 사연은 대강 이렇다. 이야기는 2004년으로 거슬러 올라간다. 때는 캐나다 유학

시절이었던 겨울. 감독 정호현은 토론토의 추위와 차가움을 피해 쿠바로 패키지여행을 떠났다가 쿠바(인)의 따스함에 매료되었다. 세상 그 어디에서도 맛보지 못했던 쿠바인들의 끈적끈적하게 달라붙는 참으로 인간적인 시선에 사로잡혔던 것이다. 쿠바앓이의 시작. 이후 그녀는 충동을 단속하면서 잠시 쿠바와의 재회를 미뤄두고 살았다. 그러던 그녀가 한인 후손과 관련된 현지 조사^{문광부} 프로젝트를 위해 2005년에 쿠바를 다시 찾게 되면서 그녀와 쿠바와의 인연도 한결 더 깊어졌다. 그리고 현지의 애니깽들을 인터뷰하던 어느 날, 이런 표현이 가능하다면, '영화'가 그녀의 카메라 속으로 걸어 들어왔다. 불쑥, 그녀의 카메라 프레임 안으로 발을 들여놓은 10살 연하의 '숯댕이 총각'과 눈이 딱 맞았다는 얘기다. 그야말로 영화처럼. 아니, '영화에서'처럼. 둘은 그렇게 카메라 렌즈를 사이에 두고 첫눈에 맘도 맞았던 모양이다. 아바나대학에서의 카스트로 연설을 뒤로 하고 그녀는 곧장 그를 따라 나섰고, 둘은 단숨에 오래도록 눈을 맞추는 서로의 눈부처가 되었다. 사건처럼 벌어진 혁명 같은 연애!

　따지고 보면, 우연이든 필연이든^{만나거나 만나지거나} 세상에 기적이 아닌 만남이 어디 있을까마는, 제 발로 하늘인연이 카메라 속으로 찾아든 셈이니, 그 연애가 영화가 된 것은 운명의 시나리오였을 터. 필연적으로 그녀와 쿠바와의 관계 또한 그 사내와의 관계 맺음이 초래한, 혹은 장차 초래할 것들로 인해 이전과는 사뭇 달라졌을 터. 그 만남은 필시 쿠바를 '다시', 아니 '달리' 보게 하는 계기가 되었을 게다. 시장의 침투로 전에 없이 헐거워진 쿠바 사회의 환부를 오래 들여다보는 버릇도 그즈음에 생겼을 것이다. 여느 여행자와는 다르게 느낌표 대신 물음표를 안고 다닌 시기도 그 무렵부터였을 것이다. 기껏해야 엿보기와 둘러보기의 대상이었을 뿐, 피부 깊숙이 와 닿지는 않은 채로 그저 남의 나라로 머물러있던 쿠바가 이전과는 판연히 다른 존재와 의미로 성큼, 그녀의 카메라 속으로 들어섰기 때문일 것이다. 그녀의 삶 속으로, 살(?) 속으로 파고들었기 때문일 것이다. 여행자가 아니라 거주자, 이방인이 아니라 경계인의 정체성을 체득했기 때문일 것이다.

아니나 다를까, 그때까지 애니깽들에게 초점을 맞췄던 다큐가 초콜릿색 사내와 그를 둘러싼 일상에 강하게 견인되면서 알싸하게 그 체위를 바꾸는 순간도 실은 이때부터다. 여행이 연애가 되는 순간! 술병과 잔, 자물쇠와 열쇠, 입술과 콘돔, 엉큼하게 성적 열락을 드러낸 바나나 밭 등과 같은 '발칙하고도' 쫀득쫀득한 이미지들이 수시로 스크린을 부유하게 되는 것도 그 때문이다.

> 나는 『그란마』쿠바 공산당의 기관지의 사설을 믿는 대신
> 사람들과 땅, 바람과 구름, 춤과 노래를 믿는 편을 택했다.
> 유재현, 『담배와 설탕 그리고 혁명』中에서

그때부터다. 그때부터 그녀의 카메라도 헐떡거리기 시작한다. 섹시한 쿠바와 그 사내를 낚아채기 위해, 일상의 바닥 민심을 훑어보기 위해 내

부의 틈새로 관객들을 몰고 다닌다. 온몸으로 쿠바를 느끼고 받아들이기 위해 성생활, 거실, 부엌, 광장, 일터, 달러 상점, 농산물 직판장 등을 들고 찍기로 담아낸다. 관광객은 쉽게 보거나 접할 수 없는 그런 미시적 영역 구석구석으로 파고든다. 주로 생필품, 여행과 표현의 자유, 돈, 공공 서비스, 직업 등과 연루된 제반 상황들을 각별하게 클로즈업한다. 이는 물론 쿠바 식 다르게 살기에 의문을 거두지 않으면서 혁명 이후의 '정체성停滯性'을 두루 살피기 위함일 것이다. 일상 속으로 육박해 들어가려는 의도이자 어두운 이면을 외면하지 않겠다는 의지의 표현이라 할 수 있겠다. 그리고 그러한 탐문과 인터뷰Interview 과정을 거친 뒤에 영화의 후반부에 이르러서는 쿠바와 한국 '사이에서 보기Inter-View' 시작한다.

예민한 타자의 시선으로 우리 사회를 지탱하는 논리의 틀과 틈을 성찰한다. 뭐랄까, 일종의 다시-보기Re-View 과정이랄까. 성찰적 자의식의 발동이랄까. 이는 사실상 쿠바를 통해, 쿠바인의 시선으로곧잘 감독의 시선으로 대체되곤 하지만 우리 사회의 민낯을 들여다보는 것과 진배없다. 말하자면 밖을 보면서 안을 읽는 셈이다. 아니, 더 정확하게 표현하자면 안도 바깥도 아닌 동시에 안이면서 바깥인 경계에서 두 사회의 상충하는 가치들과 이항대립적인 면면들을 나란히 비판의 도마스크린에 올려놓는 격이다. 카메라는 그렇게 거울관계 속에서 서로가 서로를 되비추는 역상逆像으로 기능하게끔 이곳과 저곳의 허상과 실상을 서로 '맞보게' 한다.

이를테면, 2~3일치의 노동을 칫솔 하나와 맞바꾸는 쿠바와 '돈 없으면 죽고' '돈 가지고 사람도 사고팔고' 하는 우리 사회의 비정한 시장주의를 맞세우는 식이다. 날선 파트리시아의 진술을 감독의 어머니와 새언니의 인터뷰와 대립적으로 병치시키는가 하면, 아바나대학에서의 학생의 날 행사와 쿠바 혁명광장에서의 군중집회 현장을 이랜드 비정규직 대량 해고 사태와 포개놓는 식이다. 쿠바의 한 허름한 병원에서 태아의 상태를 살펴보는 장면과 '돈'^{직업}과 출산을 위해 한국행을 택하는 커플의 모습을 서로 맞붙여놓은 것도 동일한 맥락이다. 광인^{狂人}도 '꼬레아나'도 흥겹게 어우러지는 쿠바의 옴니버스^{ómnibus} 이야기가 어처구니없는 서울 지하철^{'지옥철'} 에피소드와 오버랩 되는 이유 또한 그와 무관치 않다.

이렇게 이질성의 폭이 넓은 쿠바와 한국을 종횡으로 넘나들면서, 이미 언급했듯이, '혁명처럼 사랑을 도모'하는 과정에도 초점을 맞춘다.

<시간의 춤>(2009)이 혁명을 춤에 비유한다면, <쿠바의 연인>은 연애의 불가피함과 지난함을 혁명에 빗댄다. 한국 여자와 쿠바 남자의 연애와 결혼에는 체제, 이데올로기, 사고방식, 가치관, 종교, 인종, 언어, 문화 등 두 사회의 근간을 구성하는 모든 콘텍스트들이 빠짐없이 개입하는 바, 그들의 사랑은 곧 싸움이다. 사랑을 사수하고 관철하기 위한 세상과의 대판 싸움은 일상일 수밖에 없을 터. 그런 점에서 <쿠바의 연인>의 사랑의 방정식은 비록 혁명이라는 말에 값할 만큼 거창하거나 대단하지는 않을지언정, 엇비슷하게나마 혁명의 등식을 닮긴 닮았다. 그래서 '사랑의 형식이 어떻게 혁명의 등식이 되었는지'를 보여주는 '글로벌 커플'의 인정투쟁(認定闘爭)이라 할 수도 있겠다. 겉보기에는 그저 솔로들을 자극하기에 딱 좋은 '염장 블루스'처럼 보이지만.

그리고 그 과정에서 맞닥뜨린 각종 유무형의 벽과 턱^{국적, 사상, 나이, 가치관,} ^{종교, 문화, 언어, 인종}의 기록을 기둥 줄거리의 하나로 내세운다. 이상의 사연과 맥락을 감안하면, 영화는 애니깽 이야기에 감독 자신의 알콩달콩한 연애사를 이어 붙여놓은 모양새다. 봄과 보여짐의 교차대조를 통해 이질적이다 못해 아예 적대적이기까지 한 쿠바와 우리 사회의 맞대면을 중매하는 격이다.

베로니카, 아직 따스한 내 손을 잡아줘,
당신 안에서 찬란하게 빛나던 나를, 나의 혁명을
추억이라고 말하지 말아줘.

박정대, 시집 『삶이라는 직업』 中 〈해적 방송〉

3. 열정과 열광 사이   그럼 영화 속의 쿠바는 어떤 모습일까. 처음부터 장소에 대한 감각을 일깨워주는 도시의 전경 부감 숏, 춤과 음악, 말레콘 해변을 포석^{정석이라는 말이 더 적합할지도 모른다}처럼 깔고 시작하는 도입부는 어쩔 수 없이 〈부에나비스타 소셜클럽〉을 연상시킨다. 고사^{枯死}, 자폐, 정체^{停滯}, 결핍으로 충만한 쿠바 이미지를 두 영화는 어슷비슷하게 공유한다. 허나, 각각의 영화가 취하는 의도와 태도(에 따른 정도)의 차이는 엄연히 존재한다. 시선의 위치와 방향, 동선의 깊이와 폭은 판이하게 다르다. 예컨대, 〈부에나비스타 소셜클럽〉이 일

상과 내면으로 파고들기에 앞서 바라보기^{내려다보기}와 거리두기를 고집한 채 아바나의 탈일상적인 공간을 '슬럼독^{Slumdog}'처럼 배회한다면, 〈쿠바의 연인〉은 피사체와의 거리를 제거한다. 아바나의 날풍경과 쿠바의 생살에 카메라를 바짝 밀착시킨다. 쿠바의 속살을 꼼꼼하게 보려는 의도와 의지로 한껏 달뜬 상태랄까. 카메라는 낯가림이 전혀 없다. 고단하고도 소소한 삶의 세부를 살피느라 분주할 뿐만 아니라, 거기에서 한 걸음 더 나아가 피사체와 눈과 배꼽을 맞추고자 '안달이다'. 아마도 더 깊고 ^{Cuba profunda} 더 그늘진 데로 스며들고 싶었기 때문일 것이다. 온전히 보고 느끼고 사랑하기 위해 더 낮고 더 아픈 데로 흘러들고 싶었을 것이다. 앞서 인용한 감독의 말을 약간 비틀어서 표현하자면, 보고 싶은 것만을 보는 것은 사랑(하는 사람)에 대한 예의가 아니라고 느꼈을 것이다.

그래서 뭐랄까. '적과의 춤^{Dancing with the Enemy}'을 실연^{實演}하는 〈부에나 비스타 소셜클럽〉 속의 카메라가 멀찍이서 최소한의 몸놀림으로 소심한 사이드스텝만 밟는 데 반해, '쿠바에 미친 여자'는 경쾌한 탭댄스를 추면서 거침없이 '들이대는' 격이랄까. 쿠바의 속살 속으로 들어가기 위해 택한 그녀만의 다가섬, 곧 핸드헬드 기법은, 그러므로, 수평적 접근 방식의 일환이자 발화적 위치를 낮추는 서술전략이다. 지극히 자연스러운 영화의 형식임과 동시에 그녀만의 말 걸기, 연애 걸기의 방식이다. 자신을 활짝 열어놓은 채 쿠바와 '리얼하게' 연애하는 방법. 핸드헬드 기법이 보여주는 그 떨림과 흔들림의 미학은 '연애의 온도'를 주체하지 못하는 들뜬 그녀의 발걸음과도 딱 맞아떨어진다.

틀림없다. 쿠바(인)의 속살에 대한 이런 끌림과 설렘이 자전적 연애사를 밑절미로 깔고 있는 이 '에세이식 사적 다큐멘터리'에^{그녀에게}, 첫째, 남다른 진정성과 생활적 실감을 부여했으리라. 둘째, 따라서 차갑도록 객관적으로 쿠바 혁명의 이상과 일상을 직시하게끔 다그쳤으리라. 셋째, 열정의 대상과 열광의 대상을 분별하는 비동화적 거리감각을 잃지 않게 했으리라. 넷째, 타자의 삶을 껴안는 시선과 함께 경계를 가로지르는 횡단적 사유를 배양시켰으리라. 끝으로, 자신의 시각 내지는 감각과 자기 사회의 논리를 이방인의 시선으로 따갑게 훑어보게 했으리라. 타자에 대한 관찰뿐만 아니라 자아에 대한 냉철한 성찰을 동시에 품었다는 얘기다.

당연히 열거한 이 모든 것들은 쿠바와 맺은 그녀의 지극히 사적인 관계가 결과적으로는 쿠바를 객관화할 수 있는 시선의 토대로 작동했다는 방증이다. 연애가 사랑^{낭만}과 결혼^{현실}을 묶음으로 사유하게 하듯이 그녀의 끌림과 다가섬 역시나 더할 나위 없이 열정적이고 낭만적이면서도 이렇듯 나름의 비판적 거리와 각도를 확보함으로써 충분히 현실적이고 성찰적이 된다. 가끔은 그래서 쿠바(인)의 속사정과 속내에 대한 그녀의 유별난 관심이 보기보다 훨씬 더 '이성적'인 것으로 느껴지기도 하는 것이다.

> 가능한 혁명 속에서 어쩌면 우리는 타자에 대한
> 불가능한 사랑을 그래도 꿈꿀 수 있을 테니까.
> 박정대, 시집 『삶이라는 직업』 中 〈선禪과 모터사이클 관리술〉

4. 이념과 푸념 사이
: 가난한 혁명과 가능한 혁명

연애사를 담아내랴, 쿠바인들의 한숨을 잡아내랴, 카메라는 시종일관 분주하다. 희석되고 화석화된 쿠바 혁명이 앓는 증상들과 사회주의 속의 자본제적 욕망에 특히 민감하게 반응한다. 보는 이에 따라서는 평등한 시선을 상실했다거나 결과적으로는 반ᆞ쿠바적이라는 '혐의'(?)를 받을 만한 여지가 아예 없는 것도 아니지만, 어찌 됐든 쿠바 식 사회주의의 두 얼굴을 집중 조명한다. 혁명과 동거하는 쿠바인들의 내밀한 욕망의 표정들을 발 빠르게 살핀다. 예컨대, 수입 생필품과 가전제품을 판매하는 국영 달러상점, 암시장, 농산물 직판장, 최저 생계비를 밑도는 월급, 각종 생필품 부족현상, 세우세CUC: 태환 페소 및 '달러 빈곤층Dollar Poverty'의 상대적 박탈감, 불평등 조절장치의 이완 등으로 대변되는 쿠바의 이중경제 체제의 환부를 예리하게 도려내 보여준다. 이뿐만 아니라, 루벨의 말마따나 '유토피아'가 되어버린 외국여행, 미국의 부당한 봉쇄정책, 인터넷 사용의 제약, 감시와 '질투주의', 일부 자영업이나 부업양돈과 같은 사적 경제 행위, 히네테로/라jinetero/a: 외국 관광객에게 경제적으로 성적으로 기생하는 일부 쿠바인들을 지칭하는 은어, 변질된 쿠바식 민주주의의 상징인 관료주의비효율성, 무책임, 독선적 권위주의, 무사안일, 뇌물과 부패, 표현의 자유의 위축, 정치참여의 제약 등등의 난맥상을 날렵하게 훑는다. 비록 깊이가 결여된 선택적 나열에 그친다는 혐의가 짙고, 그 또한 전적으로 새롭다 하긴 어려워도, 발랄하게 연출되고 경쾌하게 편집된 이들 묵직한 소재들은 이 '염장 블루스'에 다양한 리듬과 해석의 층위를 부여한다.

물론 앞서 열거한 일련의 폐해들과 관련하여, 에두아르도 갈레아노 Eduardo Galeano가 적시했듯이, 만만찮은 성과와 그 가능성에도 불구하고 쿠바의 국가만능주의omnipotencia del Estado가 시장만능주의에 대한 답이 될 수는 없다는 사실을 인정하는 데 인색할 필요는 없을 것이다. 아울러 "자본의 힘이 드문드문이라도 무력화되는 사회"『뼛속까지 자유롭고 치맛속까지 정치적인』가 한결 더 인간적이고 더 공동체적일 수도 있음을 애써 부정할 이유 또한 없을 것이다. 쿠바가 마땅히 그렇게 되어야 할 우리의 대안이 될 수는 없을지라도, 있어야 하는, 아니 있어도 되는 사회임에는 틀림없다.

쿠바에 가면 티끌 하나 없이 말끔한 쿠바라는 거울을 통해
자신을 되돌아볼 수 있다.

배영옥, 『쿠바에 애인을 홀로 보내지 마라』 中에서

5. 쿠바의 환부와 우리 사회의 치부

이제 정리해보자. 다소 뜬금없고 당혹스럽게 들릴 수도 있겠으나, 피부 색깔, 나이, 종교, 문화, 인종의 차이를 색안경을 끼고 바라보는 이들은 난감하게도 그들이 아니다. 획일적으로 주입되고 학습된 고정관념에 따라 사람과 세상을 딱딱 분류하고 재고 나누는 쪽은 이쪽이다. 느리게 '살아가는' 그쪽이 아니라 '살아내느라' 바쁜 이쪽이다. 버스 안의 광인狂人도 품고 사는 쪽은 저쪽이다. 맹목적인 광신狂信에 사로잡힌

나머지 '폭탄 머리'를 말세나 사탄의 징표로 간주하고, 독단주의와 배타주의라는 '이즘ism'의 격자에 갇혀 믿음을 종용하는 곳은 이쪽이다. 가난에 허덕이는 그곳이 아니라 소비 욕망으로 헐떡거리는 바로 이곳이다. '일상의 파시즘', 특히나 타자를 배제하고 억압하는 전체주의적 사유구조가 문화적으로 팽배한 곳 역시나 이쪽이다. 반면, '물음 없는 맞이하기'라는 자크 데리다『환대에 대하여』식 '타자에 대한 환대hospitalité'를 맛볼 수 있는 곳은, 묻지도 따지지도 않은 채 대뜸 '늙은' 꼬레아나 며느리와 춤판부터 벌이는 저쪽이다. 성별화된Gendered 시각을 드러내면서 신랑과 신부의 나이 차이를 추궁하고, 급기야는 어린 조카까지 나서서 차이와 차별에 대해 '논하는' 이쪽일 수는 없는 노릇이다. 자신을 감금하는 '주의主義'로부터 벗어나서 자유로운 '세계시민'으로 살고자하는 오리엘비스에게 "자본주의자인가, 사회주의자인가?"를 따지듯이 캐물으면서 몰아세우는 이쪽일 리가 만무하다. 최소한 이 영화에서는 그렇다. 아니, 그렇게 보인다. 의도했건 그렇지 않건 간에.

요약하면, 영화는 연애라는 바탕 이야기에 쿠바의 환부와 우리 사회의 치부를 덧대놓았다. 꽤 괜찮은 이 매력적인 균형이 이 영화의 개성이자 남다른 성취다. 반복하건대, 우리 사회의 그늘을 살찌우는 결핍과 과잉의 악순환, 독단과 배제의 논리, 속도'비천한 빠름'와 소비 신화, 불평등과 비정규직 문제 등을 찬찬히 톺아보게 한다. 이는 물론 이 영화 속의 시선의 두 초점을 이루는 '봄seeing과 보여짐to be seen', '바라보는 (타)자와 보여지는 자(아)'의 겹침과 교차의 (부)산물이다. 한 편에 의한 한 편의 일방(향)적인 관찰 기록이 아니라 성찰과 자성을 수반하는 시선의 주고받기가 영화의 (대칭)축을 이루기에 가능한 일이다. 물론이다. 자아를 타자화하고 타자를 자아화하는 과정을 동반할 수밖에 없는 글로벌 연애의 (부)산물임이 틀림없다. 끝으로 사족처럼 덧붙이자면, 영화에 피처링 격으로 참여한 베니 모레Benny Moré와 실비오 로드리게스Silvio Rodríguez는 영화의 이음매 구실을 하는 애니메이션만큼이나 영화 보는 흥을 돋운다.

물론 아쉬움이나 안타까움이 없는 것은 아니다. 인터뷰가 한인 3세에 거의 국한되어 있고, 세 번에 걸쳐 상당한 기간 동안 쿠바에 체류한 것 치고는 또 카메라가 너무 게을러 보이고, 게다가 그마저도 줄곧 아바나를 맴돈 탓에 영화가 '아바나의 연인'처럼 느껴지기도 한다. 의외로 자막에 오류가 많다는 점도 이 영화의 지울 수 없는 오점으로 남을 것이다. 그리고 결핍/과잉, 느림/빠름, 삶/돈, 정치 과잉/경제만능주의, 호모 뮤지쿠스Homo Musicus/호모 컨슈머리쿠스Homo Consumericus, 사회주의적 집단주의/일상의 전체주의, 평등한 가난/불평등한 풍요 등등으로 되풀이되고 확장되는 이분법이 지나치게 도식적이고 평면적으로 운용된다는 점도 눈에 걸린다. 정치 따로-문화 따로정치적 반감~문화적 끌림이라는 친숙한 엇박자를 타고 있다는 점도 이 영화의 털어버리기 힘든 아쉬움이다. 한결 더 풍성하게 풀어낼 법도 했을 애니깽들을 얄팍하게 소비한다는 점과 두 사회에 대한 통찰이 '완벽한 나라는 없다' 식의 너무 손쉬운(?) 결론으로 수렴된다는 점 또한 못내 아쉬운 대목이다.

끝으로, 시장에 익숙해진 시선을 거두지 않고 있다는 점, 쿠바의 희망을 읽어내는데 다소 인색한 감이 없지 않다는 점, 상호 소통을 매개하는 참신한 눈이기는 하되, 많은 경우 감독의 시선이 오리엘비스의 시선을 유도하거나 대체하고 있다는 점 등을 한계로 지적할 수도 있겠다.

re-volution, 다시 회전하면, 그대와 내가 벌인

사랑의 육박전

장석원, 시집 『아나키스트』 中 〈지난해 ○○여관 때론 △△여관에서〉

6. 마주보며 페달을 밟는 텐덤 자전거

음색이 서로 다른 두 악기가 연주하는 이 '아바나 블루스'는 마주보며 페달을 밟는 텐덤 자전거를 연상시킨다. 함께 앞으로 나아가기 위해서는 맹렬하게 서로를 향해 페달을 밟아야 하는, 사이삐를 가진 차이들이 연애하는 방법. 격렬한 한 몸인 봉고bongó가 아니라 온전한 둘로 맞물리는 요철관계!

쉽지 않을 테지만, 부디 그 '사랑'이, 아니 그 '혁명'이 영원하기를!Hasta la revolución siempre! 아울러 이제 막 '잊고 배우기desaprender y aprender'를 시작하는 쿠바 남자가, 새 교황의 권고대로, 부디 자본주의라는 이 '새로운 보이지 않는 독재자una nueva tiranía invisible'에게 길들여지지는 않기를. '모든 것을 소비하는' 소비자본주의의 독실한 신도가 되지는 않기를.

제3장
혁명_총알처럼 시를 품고

길이 체 게바라를 만들었고 체 게바라는 길이 되었다

체 게바라도 걷지 못한 길: 알베르토 그라나도의 'My Way'

총알처럼 시를 품고 게릴라와 함께 했던 시인들

전사 그리스도에서부터 빳빳한 남근 이미지까지

주걱을 든 페트라Petra가 아니라 총을 쥔 페드로Pedro

미완을 그린 프리다Frida

아멜리아Amelia에서 아멜리오Amelio로

아델리타 : 기억과 해석 투쟁

판초 비야와 벌거벗은 여자 사이

길이 체 게바라를 만들었고,
체 게바라는 길이 되었다

함부로 길을 나서
길 너머를 그리워한 죄
이문재, 시집 『마음의 오지』中 「노독」

영화 〈모터사이클 다이어리〉는 체 게바라를 주인공으로 섭외했지만, 우리가 아는 게릴라 체 게바라는 등장하지 않는다. '체로 탄생하기 전의 푸세El Fuser antes del Che'가 떠났던 남미 횡단여행만을 담았을 뿐이다. 두번째 라틴아메리카 횡단 기차여행1953~1956을 기록한 체 게바라의 『다시 한 번Otra Vez』이나 여행 친구 카를로스 칼리카 페레르의 『에르네스토에서 체로De Ernesto al Che』2005는 유감스럽게도 〈모터사이클 다이어리〉에 초대받지 못했다. 체 게바라가 해방전사로 거듭나는 데는 '유나이티드 프루트의 영토'를 편력한 이 두 번째 여행이 훨씬 더 직접적인 계기로 작용했음에도 불구하고. 의대생 체 게바라의 대장정은 베네수엘라 카라

카스공항 상공에 회한처럼 결박당하고 만다.

　관객의 눈길과 발길은 82살 알베르토 그라나도의 시선 끝 허공에 맥없이 걸리고 만다. 길 밖 허공에서 멈춰버린 로드무비. 영화음악 〈뜨거운 혁명〉의 울림과 떨림이 채 스크린을 벗어나지도 못했는데. 영화는 푸세가 체로 변신하는 서막에서 서둘러 막을 내리고 만다. 막 체의 체취를 느끼려던 참인데. 1만2,425㎞는 그래서 너무 짧고 얕아 보인다. 스크린 밖, 편집된 길이 너무 길고 깊어 보인다. 어쩔 수 없이 〈모터사이클 다이어리〉는 자꾸만 길 너머 길, 길 밖의 길을 동경하게 만드는 로드무비다.

128분 긴 여정에 끝 모를 허기가 스크린에 꽉 찬다. 엔딩 크레딧과 함께 흐르는 호르헤 드렉슬러의 노래 제목처럼 〈강 건너편으로〉 길을 잇고 싶지만 〈모터사이클 다이어리〉가 끌어안지 않은 그곳으로는 산파블로 나병요양소를 두 동강 내며 흐르던 아마존강보다 더 건너기 힘든 선택과 배제, 단절과 격리라는 스크린 밖 논리가 도도히 흐른다. 엔딩 크레딧과 함께 흐르는 그 침묵과 망각의 강으로는 월터 살레스의 2005년 작품 〈다크 워터Dark Water〉가 흐를 뿐이다. 영화의 주된 전략과 선택이 저항과 해방의 여정 순례가 아니었음을 거듭 확인하게 된다.

할리우드의 리버럴 로버트 레드포드는 분명 게릴라를 캐스팅할 의도가 없었으리라. 혁명에 투자할 의지 또한 갖지 않았으리라. 그저 푸세와 알베르토 그라나도의 게릴라적 생존방식만을 덜컹덜컹 촬영하는데 자족했을까. 〈로스트 라이언즈〉에서 이상주의적 교수로 장광설을 풀어놓던 독립영화의 대부 로버트 레드포드는 〈모터사이클 다이어리〉에서는 너무 크게 침묵한다. 단지 그는 전사戰士의 전사前史만을 제작했다. 흡사 엄홍길을 따라가면서 카메라의 발길이 관악산만 맴돈 격이다. 그래서 〈모터사이클 다이어리〉에는 부재不在가 가장 주목받는 캐스팅이 된다.

길이 끝나는 곳에서   〈모터사이클 다이어리〉에는 우리가 동경
길이 시작된다   하는, 우리가 소비하는 그 체 게바라라는 부재

우루과이 출신의 의사이자 싱어송라이터
인 호르헤 드렉슬러(Jorge Drexler). <모
터사이클 다이어리>에 삽입된 그의 노래
<강 건너편으로 Al otro lado del río>는
그에게 오스카상(베스트 오리지널 송)
수상의 영예를 안겨줬다.

중이다. 없다. 숨 가쁘게 달려온 1만2,425km 그 어디에도 혁명의 시나
리오는 없다. 자유와 해방으로 향하는 로드맵은 없다. 체 게바라의 전
매특허인 화약 연기 매캐한 시가는 어디서도 찾아볼 수 없다. 혁명가
를 다루는 영화에 혁명은 통편집 되었고, 총성은 녹음되지 않았다. 미
겔 바르넷과 파블로 밀라네스가 노래했듯이 체 게바라는 분명 시인이
었다. 하지만 〈모터사이클 다이어리〉는 험한 길만 걸었던 그 전투적인
시인의 삶을 낭만적인 서정시 운율에 옭아맸을 뿐 서사시적 층위를 펼
쳐 보이는 데는 치밀하게 무관심했다. 그리하여 〈소이 쿠바〉에서 시커
먼 설탕눈물을 흘리던 쿠바도, 프란츠 파농의 하얀 콩고도, CIA에 의
해 손목이 잘려나간 볼리비아도 그저 스크린 밖에서 종종거릴 뿐이다.
후안 도밍고 페론 시절의 아르헨티나도, 망명 정치인들의 천국이던 멕
시코도, 바나나제국 유나이티드 프루트 컴퍼니United Fruit Company와 미국
의 '빅스틱Big Stick'에 의해 역사 밖으로 축출된 과테말라의 하코보 아르
벤스 좌파정권1951-1954도 카메라 앵글 밖으로 죄다 커트 당했다. 당연히

그란마 호에 관객은 승선하지 못한다. 어김없이 여기서도 쿠바는 봉쇄되었다. 뗏목 '맘보-탱고'에서 내린 푸세는 마이애미 행 비행기에 탑승할 뿐이고, 영화의 열린 구조 안에 체 게바라는 덜컥 갇히고 만다. 바로 이 장면을 위해 이 영화는 1만2,425㎞를 달려왔다.

그리고 여기서 이 영화는, 윌리엄 깁슨의 희곡 『기적을 일으킨 사람 The Miracle Worker』1959과 동명의 영화가 정열적인 사회주의 혁명가였던 헬렌 켈러를 우리들 기억 속에 늘 6살 어린아이로 감금시켜버렸듯이, 성장이 거세된 이 '푸세 식' 체 게바라를 신화화한다. '볼리비아 일기'를 지우면서 써나가는 '모터사이클 다이어리'.

길지도 않은 어항 속을 물고기는 끝까지 가본 적이 없네.
항상 가다가 돌아서네.
김종미, 시집 『가만히 먹던 밥을 버리네』中 「도플갱어」

자본에 생포되지는 않았다 하더라도, 자본에 투항하지는 않았다 하더라도, 소비 자본주의의 유통망에 포섭된 체 게바라는 그렇게 마이애미, 미국으로 진출한다. 푸세가 아닌 체를 태운 비행기는 마침내 완벽하게 스크린을 탈출한다. 영화의 주제가에 다시 빗대보면, 산파블로 나병요양소에서와는 달리 푸세는 결국 '강 건너편으로' 건너가지 못하는 셈이다. 강 이편에서 영화는 끝난다. 끝끝내 푸세는 체로 '컴백Comeback' 하지 못한 채, '위대한 저편Grand Ailleurs'은 거대한 암영暗影으로 남는다. 마치 거기에 무슨 거대한 금기라도 있는 듯이. 흥행을 가로막는 터부라도 되는 듯이. 그렇게 영화는 관객에게 강 건너기를 떠넘긴다. 그렇다. 어쩌면 그것이 이 영화의 가장 큰 미덕인 동시에 가장 치명적인 한계가 아닐까 싶다.

결론을 맺자. 나짐 히크메트가 옳았다. "진정한 여행", "가장 먼 여행은 아직 끝나지 않았다".[17] 1만2,425km를 카메라에 담은 월터 살레스는 체 게바라의 길을 달린 한 명의 차스키chasqui [18]로 기억될 것이다. 결코 상처뿐인 영광만은 아니지 않은가.

이정표 잃은 뒤에도
찾아가야 할 땅이 있다.

도종환, 시집 『슬픔의 뿌리』 中 「저녁 무렵」

**현실로
깊숙이 돌아오는 여행**

관객은 〈모터사이클 다이어리〉가 '나쁜 교육La mala educación'일 것이라 지레 짐작하고 가엘 가르시아 베르날을 외면할 그

---

17) 류시화, 시편집 『사랑하라 한번도 상처받지 않은 것처럼』 中 나짐 히크메트의 「진정한 여행 A True Travel」. 나짐 히크메트는 터키의 혁명적 시인이자 극작가다.

18) 총 연장 5~6만km에 달했던 잉카의 길을 릴레이 형식으로 이어 달렸던 잉카의 파발꾼. 18~25세의 젊은 건각들인 이들은 15~20km를 1시간에 주파했다고 한다. '태평양에서 아침에 잡은 생선을 360km 떨어진 잉카 군주의 저녁 밥상에'(『잉카 IN 안데스』) 올릴 정도로 탁월했던 구간 마라토너였던 셈이다.

어떤 영화 밖 이유도 없다. 포데로사의 맨 뒷좌석에 올라타기 전에 『체 게바라의 시집』을 엮은 이산하처럼 '체 게바라의 찢어진 군화를 꿰매고 구겨진 전투복을 다리미질하는 마음'을 애써 만들 필요도 없다. 그저 푸세 뒤에서 길만 꼭 붙들면 된다. 눈만 놓지 않으면 된다. 누가 알겠나. 영화의 눈 먼 그 소처럼 눈 뜨고 못 본, 눈 뜨고 보지 않은, 애써 눈 감고 외면해버렸던 라틴아메리카 현실이 〈모터사이클 다이어리〉 곳곳에 아직 이정표처럼 많이 남았을지. 시간은 비록 오십 년 넘게 흘렀지만 스크린 밖 21세기의 라틴아메리카 현실이 스물세 살 청년의 눈에 파고들었던 그 슬픈 라틴아메리카 속에 여전히 티눈처럼 빼곡하게 박혀 있을지. 누가 알겠나. 뚜렷한 한계에도 불구하고 〈모터사이클 다이어리〉가 21세기 라틴아메리카의 정치사회적 지형도를 오롯이 담고 있는 갓맑은 스틸사진일지. 하여 익숙한 길을 버렸기에 푸세처럼 우리도 현실로 깊숙이 돌아올지. 생각보다 더 많이 변해서.

체 게바라도 걷지 못한 길
: 알베르토 그라나도의 'My Way'

위험한 책 한 권 보지 못하고, 다른 친구 한 번 사귀지 못하고,
변화를 꿈꾸지 못한다면 메카시 같은 사람이 될 것이다.
우린 두려움에 굴복해서는 안 된다.
조지 클루니 감독의 〈굿나잇 앤 굿럭〉 中에서

체 게바라 박물관에 보관되어 있는 1939년산 노턴^{Norton} 500cc 오토바이. 그 옆에 있는 이가 알베르토 그라나도[1922-2011]다. 그는 저 '조그만 반역의 불수레'를 몰고 책 바깥의 라틴아메리카를 눈으로 발로 직접 체험하고자 1만2,425㎞의 남미 횡단여행을 감행했다. 신화가 된 그 꿈의 여행의 길동무가 바로 푸세, 훗날의 체 게바라였다.

그렇다. 알베르토 그라나도는 우리에게 그렇게(만) 기억되는 인물이다. 영화 〈모터사이클 다이어리〉에서 속물근성을 유쾌하게 드러냈던, 그래서 기껏해야 넉살과 입담 좋은 신 스틸러$^{Scene\ Stealer}$ 정도로 기억되는 그는, 하지만, 체 게바라의 길벗 그 이상이다. 〈모터사이클 다이어리〉가 끝나는 바로 그 지점에서부터 우리가 아는 '혁명가 체 게바라'의 싸움이 시작되듯이, 우리가 모르는 알베르토 그라나도의 진정한 삶 또한 〈모터사이클 다이어리〉가 끝나는 바로 그곳에서부터 비롯된다. 그러니 우리는 그를 잘 모른다. 아니, 알 수가 없었다고 하는 편이 옳을 듯하다.

지칠 줄 모르는   알베르토 그라나도도 호모 비아토르Homo Viator, '걷
여행자   는 인간' 혹은 '길 떠나는 인간'의 발바닥을 갖고 태어났다. 체
                게바라 못잖게 국적에 구애받지 않고 국경에 얽
매이지 않는 경계인의 삶을 살았다. 어디에서도 길들여지지 않고, 길에
서 길을 찾으며, 길 끝에서 늘 새로운 길을 꿈꿨다. 아르헨티나, 이탈리
아, 베네수엘라, 쿠바 등지를 종횡으로 넘나들며 지칠 줄 모르는 여행
자로 살았다.

타고난 싸움꾼이기도 했다. 체 게바라와 남미 횡단여행을 떠나기 한
참 전인 1943년에는 반 페론 학생운동으로 옥고를 치렀다. 1960년대
에는 아르헨티나에서의 무장 게릴라 활동에도 직간접적으로 관여했
다. 탱고와 와인에 빠져 살면서도 새로운 길을 모색하고 세상을 바꾸는
일에 평생 몰두했던 생활 혁명가, 직업(을 가진) 혁명가였다.

그의 보폭으로 체 게바라를 따라가고 그의 눈높이로 〈모터사이클 다
이어리〉를 보게 되지만, 실제로 그가 걸어간 길을 따라 걷는 일은 보기
만큼 그리 간단치 않다. 체 게바라의 부름을 받자마자 쿠바에 입국한
이후 혁명이 디폴트가 된 쿠바에서 쿠바 혁명과 동거하며 혁명 정부의
의료·보건 관료이자 나병전문의·생화학자로 살았으니, 1951년 12월부
터 줄곧 그는 '체 게바라의 길'을 걸은 셈이다.

쿠바 혁명 직후 미국으로 망명해버린 3,000여 명의 의사들이 남긴
의료공백을 메꾸고자 쿠바를 찾은 이래 한 번도 그 '체 게바라의 길' 밖
으로 내려선 적이 없었다. 쿠바의 건강지킴이로 의료 취약계층을 없애

체 게바라와 함께 했던 남미 횡단여행을 기록한 알베르토 그라나도의 기행문 표지. 영화 <모터사이클 다이어리>는 이 책과 체 게바라의 기행문을 엇섞어 제작되었다.

고 의료 접근성을 높이는 공공보건의료 기반을 구축하는 일에 주도적 역할을 수행했다. 건강평등권 실현이라는 외길을 걸었다. 그래서 이렇게 말할 수도 있지 않을까. 체 게바라보다도 그가 더 길게 더 파란만장하게 '레볼루셔너리 로드'를 걸은 셈이라고. 늙지 않는 체 게바라와는 달리 늘 자기 몸에 길을 새기면서 늙어간 그가 되레 더 위대할 수도 있다고. 이상이 아니라 일상이 되어버린 혁명 안에서 시간과 혁명의 하중을 견디면서 삶을 밀고 나간 그가 오히려 더 인간적이라고. 이상주의자가 아니라 리얼리스트에 훨씬 더 가깝다고. 아니, 더 가까울 수밖에 없었다고. '길이 체 게바라를 만들었고 체 게바라는 길이 되었다', 라고 한다면 알베르토 그라나도는 평생 그 길을 살았다. 체 게바라가 별을 향해 걸어갔다면 그는 샛길을 따라 사람을 향해 걸었다.

마침표가   알베르토 그라나도. 잊기 십상이다. '산초'
물음표가 되는 여행   로 희화화된 감이 없지 않지만, 〈모터사이클
              다이어리〉는 알베르토 그라나도의 성장담이
기도 하다. 체 게바라뿐만 아니라 그에게도 뜨거운 질문을 안겼을 그
여행에 대한 재해석이기도 하다. 하여, 체와 함께 자신을 비워내고 게
워냈던 알베르토 그라나도에 대한 한참 늦은 오마주라 해도 무방할 것
이다. 비록 체 게바라 주변으로 서사가 모이고 발언권^{내레이션} 역시나 체
게바라가 독점하고 있긴 하지만.

　2011년 5월 5일, 지칠 줄 모르는 여행자였던 알베르토 그라나도는 먼
길을 떠났다. 난생 처음 돌아오기 위해서가 아니라 돌아가기 위해 먼
길을 떠났다. 아르헨티나와 베네수엘라와 쿠바에 뼈 한 줌씩 고르게 남
기고. 그렇게 그도 누군가의 체 게바라가 되었고, 길이 되었다.

총알처럼 시를 품고
: 게릴라와 함께 했던 시인들

싸움꾼 네루다와 사랑꾼 체 게바라

영화 〈모터사이클 다이어리〉에는 라틴아메리카를 대표하는 세 명의 시인이 등장한다. 그중에서도 특히 오테로 실바Miguel Otero Silva(1908-1985)는 파블로 네루다와 가브리엘 가르시아 마르케스 등이 대단히 높이 평가했던 베네수엘라의 대표적인 민중 시인이다. 정치적 이유에 의해 환 비센테 고메즈Juan Vicente Gómez(1908-1935), 엘레아사르 로페스 콘트레라스Eleazar López Contreras(1935-1941), 마르코스 페레스 히메네스Marcos Pérez Jiménez)(1952-1958) 등의 군사정권과 끊임없이 불화하며 구속, 추방, 망명 생활을 반복했던 언론인이자 정치가이기도 했다.

상류층 휴양지였던 미라마르Miramar에서 치치나와 작별한 직후, 체 게바라가 읊조리던 시가 바로 이 오테로 실바의 이별 머금은 사랑시였다.

Ernesto "Che" Guevara.

Pablo Neruda.

영화에서는 푸세에 의해 일부분만 인용되지만 체 게바라의 『여행노트』에는 당시 '그의 귓가를 울렸던' 시의 전문이 화인火印처럼 고스란히 새겨져 있다. '그녀와 길 사이에서Entre Ella y La Calle' '진자振子'처럼 갈등했던 체 게바라에게 딱 들어맞는 시였다. '찰랑거리던Chapotear' 물소리와 '비Lluvia', 그리고 '눈물Lágrimas'이란 시어들은 영화의 배경이 되었던 호수와 물 흐르듯 이어진다. 황량한 평원 속에 담긴 그 호수처럼 그의 '심장'은 담대하면서도 속슬픔으로 퉁퉁 부었으리라. 하지만 그런 시적인 이별이 있었기에 소설 같은 여행 또한 가능했을 터. 그렇기에 이 장면과 이 시는 체 게바라의 첫 시련인 동시에 모터사이클에 시동을 건 여행의 실질적인 시발점이 된다.

한편, 〈모터사이클 다이어리〉에서 체 게바라 일행은 리마의 우고 페스체 페스체토^{Hugo Pesce Pescetto} 박사를 방문하게 되는데, 이 나병학 전문의가 호세 카를로스 마리아테기의 대표작과 함께 일독을 권했던 책은 다름 아닌 세사르 바예호의 시집이었다. 『트릴세^{Trilce}』의 저자이자, "신이 아픈 날 태어났음^{Yo naci un dia / que Dios estuvo enfermo}"에도 제 "심장의 화로에서^{en el horno de mi corazón}" "갓 구워낸 빵 몇 조각들^{pedacitos de pan fresco}"을 "가난한 이들에게^{a los pobres}" 나눠주고 싶어 했던 세사르 바예호.

"돌에 글자를 새기는 창끝이 되어, 저 조잡하고 엄/청난 덩치에 공포를 심으며/장난치고 훼방 놓고 웃을 권리"를 찾아 떠돌았던 이 페루 시인과 체 게바라의 인연은 여기서 그치지 않는다.

1만2,425㎞에는 포함되어 있지 않지만 훗날 과테말라에서 체 게바라는 일다 가데아^{Hilda Gadea}와 운명적으로 조우한다. 그녀에게로의 지적, 정서적 이끌림에 가교 역할을 했던 인물들로는 우선 마르크스, 키플링, 월트 휘트먼, 레온 펠리페 등을 꼽을 수 있겠으나, 이들과 함께 매파 역을 담당했던 세사르 바예호를 빼놓을 수는 없다. 일다 가데아가 체 게바라에게 빌려준 책이 바로 안데스 시인의 시집이었으니까. 오죽했으면 장 코르미에도 과테말라에서의 체와 일다 가데아의 마지막 만남을 세사르 바예호의 시로 갈무리했을까.

그리고 영화에서 알베르토 그라나도에 의해 두 번이나 호명되는 스페인의 대표 시인은 〈데스 인 그라나다^{Death in Granada}〉의 실제 주인공 가르시아 로르카였다. 『여행노트』에 의하면, 산파블로 나병요양소에서 체 게바라가 무료함을 달래기 위해서 읽었던 시들 역시 안달루시아의 한恨을 절창으로 길어 올린 가르시아 로르카의 것이었다.

피로 물든 녹색 노트　　하지만 누가 뭐라 해도 체 게바라의 가장 절친한 길 벗은 역시 시를 통해 사랑과 자연과 혁명을 배달하고자 했던 〈일 포스티노Il Postino〉의 네루다였다. 노래가 빅토르 하라에게는 총알이었던 것처럼 체 게바라와 네루다 둘 모두에게 시는 삶의 허구와 세상의 허위를 꿰뚫는 탄환이었던 모양이다. 영화 〈모터사이클 다이어리〉는 당연히 파블로 네루다를 '캐스팅'했다.

네루다는 그의 시심이 닻을 내리고 심지가 달구어졌던 '테무코Temuco'와 '마추픽추 산정'에서만 환기되는 것은 아니다. 트럭을 얻어 타고 이슬라 네그라Isla Negra를 지척에 둔 발파라이소에 다다랐을 즈음, 체 게바라가 읊조리던 "사랑해, 발파라이소" 또한 네루다의 시였다.

조숙했던장 코르미에에 의하면 체는 여덟 살 때부터 네루다의 시를 암송하는 재미에 빠졌다고 한다 체 게바라의 네루다 사랑은 참 각별했다. 사지死地에서 더욱 빛났다. 체 게바라는 네루다의 『모두의 노래Canto general』1950를 1967년 한 해 동안 거의 늘 총알처럼 품고 살았다. 볼리비아에서 산악 게릴라 활동을 전개하던 시절에도 틈틈이 게릴라 대원들에게 네루다의 시를 낭송해주곤 할 정도였다. 게다가 체 게바라는 네루다의 『스무 편의 사랑의 시와 한 편

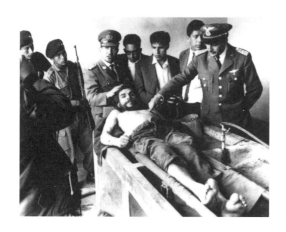

의 절망의 노래Veinte poemas de amor y una canción desesperada』에 수록된 시들을 직접 육성으로 카세트에 녹음해서 동료 여전사에게 선물하기까지 했다.

체 게바라와 파블로 네루다. 물론 네루다에 대한 체 게바라의 외사랑만 있었던 것은 아니었다. 훌리오 코르타사르Julio Cortázar, 니콜라스 기옌Nicolás Guillén, 호세 레사마 리마José Lezama Lima, 레온 펠리페Leon Felipe 등과 마찬가지로 네루다 역시 체 게바라를 위한 헌시를 남기기도 했으니 말이다. 2008년에는 시인 알레한드로 센테노 차베스Alejandro Zenteno Chávez가 체 게바라에게 헌정한 3대륙라틴아메리카, 유럽, 아프리카 53명의 시인들의 시를체 게바라의 자작시 2편 포함 한데 묶어 선집『Coro de llamas para el Che』을 출판하기도 했다.

체 게바라가 볼리비아에서 군 당국과 CIA에 의해 살해당한 이후, 유품으로 남겨진 체 게바라의 자필 애송시 모음집은 2007년에 스페인의

Seix Barral 출판사에 의해 40년 만에 빛을 보게 되었다. 체 게바라 애송시 선집『체의 녹색 노트 El cuaderno verde del Che』의 발문은 파코 이그나시오 타이보 2세가 맡았다. 세사르 바예호, 파블로 네루다, 니콜라스 기옌, 레온 펠리페 등의 시 총 69편이 수록되어 있다.

아프리카 9개국과 국경을 분점하고 있던 콩고콩고민주공화국에서 탄자니아의 지원을 받아 약 8개월 동안 게릴라 활동을 전개했던1965년 체 게바라는 체코프라하와 쿠바를 거쳐 1966년 11월 3일 볼리비아로 잠입한다. 콩고에서의 실패를 뒤로 하고 남아메리카 5개국페루, 브라질, 파라과이, 아르헨티나, 칠레과 국경을 접하고 있는 전략적 요충지인 볼리비아에서 다시 혁명의 거점'foco'을 확보하기 위함이었다. 하지만 체 게바라는 미국으로부터 경제적·군사적 지원을 받고 있던 볼리비아의 바리엔토스Barrientos 독재정권1964-1969에 의해 활동 11개월여 만에 생포된다. 1967년 10월 9일 라이게라La Higuera에서 재판 없이 총살당한 체 게바라는 자신의 애송시를 옮겨 적은 녹색 노트 한 권과 일기장 두 권을 유품으로 남겼다.『볼리비아 일기』는 마지막 1년간의 볼리비아에서의 게릴라 활동과 그 단상을 군더더기 없이 간결하게 기록한 바로 그 일기장 두 권의 출판본이다.

전사 그리스도에서부터
빳빳한 남근 이미지까지

3년째 천막농성을 하다 구속당한
전자공장 여성노동자들의 안부와 무관하게
양장 고운『체 게바라 평전』은 불티나게 팔렸다.
송경동, 시집『사소한 물음들에 답함』中〈그해 늦은 세 번의 장마〉

집단 희망이 철회되던 1990년대는 '굿바이, 레닌Good bye, Lenin!'의 시대
였다. 누구 말마따나 혁명이 일어난 것도 아닌데 혁명이 일어난 것처
럼 세상이 돌변해버렸다. 자본주의 이외의 길은 역사적 정언명령이라
도 되는 듯 몰락과 해체의 수순을 밟았으며, 대안의 길과 대항적 사고
는 향수와 자성의 늪에 발목이 잡혔었다. 한마디로 환희와 애도가 교차
하던 역사적 변곡점이었다.

하지만 손목이 잘려나간 체 게바라의 유골이 발견된 1997년은 체 게
바라 신드롬의 비등점이기도 했다. 세상은 '가장 깨끗하게 살아남은'
이 직업 혁명가에게 대중스타 이상으로 열광했다. 영웅이 부재하고 싸

움의 구심점이 와해된 시대에 놀랍게도 체 게바라는 저항과 항거의 아이콘으로 부활했다.

'별이 빛나는 창공을 보고, 갈 수가 있고 또 가야만 하는 길의 지도를 읽을 수 있던 시대'는 속절없이 저물었지만, 사람들은 체 게바라의 베레모에 아로새겨진 붉은 별에 열광했다. 정치적 허무주의와 냉소주의가 웜 바이러스처럼 진보 진영을 허물던 시절, 체 게바라는 꿋꿋하게 버티는 몇 안 되는 깃발이었다. 결코 박제될 수 없는 치열한 정신이자 가보지 못한 길을 증언하는 이정표였다.

그러나 2000년대에 들어서자 사정은 변했다. 탈 영토적·공격적 투

자 형태로 전환한 세계 문화자본은 체 게바라를 무장 해제하는 작업에 있어서도 예의 그 게릴라적 기동성과 치밀함을 선보였다. 체 게바라의 가장 큰 적敵이던 자본은 역사적·정치적·사회적 문맥을 제거하고, 사상과 서사를 사장死藏시킨 채, 체 게바라를 문화상품으로 시장市場에 '복권'시켰다. 체 게바라의 말, 글, 시선, 카메라, 오토바이, '밀리터리룩', 헤어스타일, 액세서리 등등 그의 혁명적·신화적 아우라는 소비의 볼모로 전락, 대량으로 복제되기에 이르렀다.

　'무의식'과 '자연'의 영역까지도 탐하는 잡식성 유기체인 자본은 이렇게 체 게바라를 적극적으로 기억하고 추억하는 세대와 계층까지도 이미지 소비층으로 대거 포섭했다. 영화 〈에쥬케이터〉의 얀다니엘 브륄의 한탄에도 아랑곳하지 않고 문화자본의 대대적인 지원사격을 받은 체 게바라는 급기야 변화^{기분 전환까지도 포함해서}와 혁신의 이미지에 관한 한 최고의 파워브랜드로 등극했다. 체를 소유하고 소비하고 카피하는^{코스튬} 반문화적 혹은 저항 문화적 태도 자체는 이제 더 이상 문화적 훌리건이나 이데올로기적 컬트가 못된다. '구별을 파는 산업'에 포섭된 체 게바라(의 이미지)는 이념적 지향성의 바코드로 인식되지 못한다. 저항과 대항의 아이콘들을 '쿨'한 브랜드로 둔갑시켜 '혁명 판매^{Rebel Sell}'의 대열에 뛰어든 문화자본은 '전복이라고 여겨지던' 체 게바라를 '보기 좋게' 전복시켜버렸다.

체, 체, 체, 게바라의 바람이 분다 [19)]

서른아홉 살에 CIA와 볼리비아 군 당국에 의해 살해된 지 50여 년이 지난 지금, 이 '20세기 최후의 게릴라'는 사이버 게릴라 성향을 지닌 우리와는 이제 '한 클릭 사이'다. 마우스와 키보드로 무장한 우리는 언제 어디서나 체 게바라의 주둔지(?)를 마실 다니듯이 드나들 수 있게 되었다. 일부 인터넷 슬러거들은 자신들의 미니홈피와 블로그에 문패처럼 체 게바라 사진을 걸어둔다. 뿐인가. 체 게바라 인터넷 전문 매장 www.thechestore.com에 접속하면, '모든 사람들의 혁명적 욕구를 충족시켜준다'는 걸개 광고 아래 다채로운 상품들이 체 게바라의 이미지

---

19) 박정대, 시집 『내 정춘의 격렬비열도엔 아직도 음악 같은 눈이 내리지』 中 「열두 개의 촛불과 하나의 달 이야기」

를 '창조적으로 전유하고' 있음을 확인할 수 있다.

지갑과 혁대에서부터 체 게바라도 무장 해제시킬 여성용 탱크톱까지. 가치가 고갈될 정도로 착취당한 문화 아이콘이자 '리얼' 캐릭터, 팬시상품으로 체 게바라는 이렇듯 대중문화 속에 자기 근거지를 확고히 (?) 구축했다.

가령, 쿠바 정부의 항의에 의해 결국 시장에서 퇴출된 영국의 체 맥주, 알베르토 코르다의 체 게바라 사진을 무단으로 도용한 탓에 5만 달러의 합의금을 지불했던 체 보드카Smirnoff Vodka Company [20], 록밴드 '레이지 어게인스트 더 머신'의 앨범 및 티셔츠, 장 폴 고티에의 체 선글라스 및 롤렉스와 스와치 시계, 마이크 타이슨과 디에고 마라도나의 체 문신, 지젤 번천의 체 비키니, 베네수엘라 정부에 의해 방송금지 조치를 당했던 TV 애니메이션 〈심슨 가족〉에서 호모 심슨이 입었던 체 티셔츠와 패러디 옷 문구 'Hasta la cerveza siempreTo the Beer, Always', 그리고 스키 전문업체 피셔사의 체 게바라 이미지 광고와 1999년 영국 교회광고네트워크의 부활절 광고에 등장한 '전사 그리스도Chesucristo'……

체 게바라를 닮은 '새로운 인간New Man'의 창조와 교육은 아예 불가능하거나 극히 드묾에도 불구하고 이렇게 그를 쏙 빼닮은 이미지 원용 상품은 게릴라처럼 시장에 불쑥불쑥 출몰했다. 그때마다 체는 실

---

20) 저작권 소송(1999년)에 휘말린 스미노프 보드카 회사의 영국계 광고대행사(Lowe Lintas & Rex Features)는 2001년에 5만 달러의 합의금을 알베르토 디아스 구티에레스(알베르토 코르다)에게 지불했고, 그는 "체 게바라가 살아있었다면 똑같이 했을 것"이라며 쿠바 의료복지 기구에 5만 달러 전액을 기부했다. 쿠바 어린이들을 위한 의료품 확보에 투자되기를 희망했다.

체 없는 이미지와 아이콘으로 대중매체 속에서 호들갑스럽게 규정되
곤 했다. 당연히 체 게바라는 너무나 친숙한 '인간적인 이미지'로 전락
하고 말았다.

'고양이 목숨 같은 일곱 번째 생을 끝마친' 1967년 10월 9일 이후 40
여 년이 지난 오늘날에 이르기까지 체 게바라는 영면永眠은 고사하고 그
흔한 시에스타Siesta 한 번 즐기지 못했다. 매스미디어와 소비 자본주의
의 문화논리에 따라, 정치적 '구별 짓기' 필요성에 의해 끊임없이 소환
되고 환기되거나 깨워지고 일깨워졌다. 누구 말마따나, 모든 사람들이
다 아는 아이콘이지만 극히 일부만 아는 체 게바라. 전사 그리스도에서
부터 빳빳한 남근 이미지까지를 두루 소화해내는 그는 분명 우리 시대
의 거대한 기호-이미지임에는 틀림없다.

주걱을 든 페트라Petra가 아니라
총을 쥔 페드로Pedro

어차피 피었다 질 꽃이면 제일 뜨거운 불꽃이고 싶었다.
〈미스터 션샤인〉에서 여성 독립군 스나이퍼 고애신김태리의 대사

멕시코 혁명1910~1920 발발 직후 페트라 에레라Petra Herrera, 1887?~1916?는 어린 나이였음에도 불구하고 판초 비야Pancho Villa, 1878~1923의 예하 부대에 자원입대했다. 지원병과가 아니라 전투병과를 지원했다. 타고난 전투 지휘관이었지만 여자로 태어났기에 사격술보다 화장술, 아니 위장술을 먼저 익혀야했다. 비슷한 처지였던 전설적인 여성 혁명군 아멜리오 로블레스Amelio Robles와 발렌티나 라미레스Valentina Ramirez가 그랬듯이. 전투병이 되기 위해서 택한 그녀의 묘책은 남장이었다. 실제로 신분이 탄로날 것을 우려해서, 군복 속의 여성성을 의심하거나 식별하지 못하게 일부러 새벽 일찍 일어나서 유난을 떨며 '티 나게' 면도하는 척을 했다는

일화는 유명하다.

　페드로Pedro가 아니라 페트라Petra임을 스스로 밝히기 전까지 들통이 나지 않은 것으로 보아, 특출했던 전투력 만큼이나 연기력도 꽤나 탄탄했던 모양이다. 편견과 차별 탓에 전투보다 전투부대의 일원이 되는 것이 그녀에겐 늘 더 벅찼다. 김영하의 『검은 꽃』2010에서는 대한제국 출신의 김이정까지도 이렇다 할 어려움 없이 판초 비야의 전투부대의 일원이 되었지만, 김이정의 표현을 빌리자면, '남자들만의 세계'『검은 꽃』, 252에서 그녀는 그렇지 못했다.

그렇지만 일단 주걱을 든 페트라Petra가 아니라 총을 쥔 페드로Pedro가 된 순간, 단연 빛을 발했다. 남(자)들처럼 싸울 것. 전쟁터에서 이보다 더 확실한 '동기부여'는 없을 터. 폭파 주특기를 살려 교량을 날려버리는 등의 매우 대담한 전술을 구사, 여러 전투에서 진가를 발휘하며 탁월한 전과를 올렸다. 하지만 비전투 상황에서의 혁명군 생활은 순탄하지 못했다.

그녀를 향한 내부 총질은 멈추지 않았다. 특히나 유별나게 마초성이 강했고 '아델리타adelita, 멕시코 여성 혁명군'를 폄훼했던 판초 비야는 그녀의 무훈을 평가 절하했다. 아델리타들이 침대가 아니라 전투부대에 있는 것을 이상하게 달가워하지 않았던 판초 비야는 '커밍아웃'을 선언한 그녀를 중용하지 않았다. 누구나 인정하는 검증된 자질에 명성 또한 자자했음에도 불구하고 그녀를 지휘관으로 곁에 두는 데 몹시 인색했다. 그저 역할을 축소하고 공적을 숨기기에 급급했다. 허나, 수염 없는 페드

로Pedro가 아니라 총을 든 페트라Petra는 크게 개의치 않았다. 보란 듯이 직접 여성 혁명군 400여 명을 취합, 아델리타스만으로 구성된 전투부대를 이끌고 1914년의 2차 토레온Torreón 탈환 공격을 주도했다. 판초 비야의 주력부대를 측면 지원하며 이 전투에서 혁혁한 공을 세웠다. 특히나 총공세를 감행하기 전에 기습적으로 적진 깊숙이 잠입, 도시의 전력 공급망을 완전히 차단함으로써 승리의 도화선이 됐다. 멕시코 혁명의 판도를 뒤바꿔놓는데 한몫 톡톡히 했다.

놀라울 것도 의외랄 것도 없었다. 얼마 후 상부 지시에 의해 아델리타스 전투부대는 해산되었다. 20여 명의 아델리타스와 함께 했던 사카테카스Zacatecas 전투를 끝으로 페트라 에레라는 판초 비야와의 불편한 동거를 청산했다. 판초 비야가 내심 바랐던 대로 북부군을 이탈, 새로운 싸움의 방식을 찾아 나섰다.

멕시코 혁명의 바깥에 머무를 수는 없었기에 당당하게 다시 소녀로 변신, 베누스티아노 카란사Venustiano Carranza(1859~1920) 부대에 예속되어 스파이 업무를 수행했다. 그러나 그것도 잠시, 바텐더로 위장 취업해서 스파이로 활동하던 중에 불의의 총격을 받고 짧지만 '영화로운' 삶을 마감했다.

잊혀지겠죠? 미안합니다.

영화 〈암살〉에서 김원봉조승우의 대사

이후 페트라는, 말 그대로 까맣게 잊혔다. 생몰연도도 남기지 못하고 너무 함부로 너무 일찍 망각 속에 묻혔다. 숱한 아델리타들처럼 지배담론으로부터 온당한 자리를 분양받지 못한 채 마초적인 역사관에 의해 암매장 당했다. '페드로들Pedros'의 욕망과 시각에 의해 페트라Petra의 삶은 이렇게 토막 난 채로 짧막하게 기억될 뿐이다.

페트라 에레라, 그는 여자였다.

미완을 그린
프리다^{Frida}

총도 탄약도 표정도 없는 여성 혁명군 아델리타들이
유독 더 낯설게 느껴지는 것은 왜일까? 그저 미완성 작품이기
때문일까? 프리다 칼로가 그렸기에 더 그런 걸까?

몸에 새겨진 고통^{Pain}의 서사를 그려
냈던 화가^{Painter}이자 질문을 그린 화가
였던 프리다 칼로의 1927년 작품이다.
작품명은 〈아델리타, 판초 비야, 그리
고 프리다^{La Adelita, Pancho Villa, y Frida}〉. 분할
된 화면의 정중앙을 차지하고 있는 여
성이 바로 화가 본인이다.

원주민적 뿌리와 원주민 여성의 저

항을 상징하던 전통의상 우이필huipil 혹은 테우아나tehuana를 벗고 화려한 칵테일 드레스로 갈아입은 모습이 다소 의외다. 워낙 원주민 전통의상을 즐겨 입었던 프리다 칼로의 모습에 익숙해서 그렇지, 사실 의외랄 것도 없다. 1925년의 전차 사고 이후 그녀가 그린 첫 자화상 〈벨벳 드레스를 입은 자화상〉1926에서 볼 수 있듯이, 디에고 리베라와 결혼하는 1929년 이전까지 프리다가 그린 작품에서는 오히려 유럽풍 복식이 더 우세했다. 지인들을 그린 〈알리시아 갈란트의 초상화Retrato de Alicia Galant〉1927, 〈아드리안의 초상화Retrato de Adrian〉1927 등이 그런 예들이다. 물론 자신의 아버지 집에서 허드렛일을 하던 두 명의 원주민 여성을 그린 1928년 작품 〈두 여인들Dos mujeres〉에서는 훗날 '프리다 스타일'을 구성하는 원주민 전통의상에 대한 애착이 드러난다. 전차 사고 이후 상처투성이 '성냥개비' 같았던 자신의 다리를 드러내지 않기 위해 긴 치마테우아나를 고집했던 프리다 칼로.

어쨌거나, 〈아델리타, 판초 비야, 그리고 프리다〉에는 의상도 의상이지만 화면 다중분할과 기하학적 구성도 눈에 띈다. 입체주의와 미래주의의 미학과 철학을 혼용한, 당시 멕시코에서 유행하던 에스트리덴티즘estridentismo의 영향이 어른거린다. 나중에 덧칠한 흔적도 엿보이지만 작품은 결국 미완으로 남았다. 같은 해에 완성한 〈만약 아델리타...혹은 카추차스 멤버들이Si Adelita...o Los Cachuchas〉1927와 오버랩 되는 요소들도 꽤 많다. 비슷하게 분할된 화면 구도, 파티풍의 세련된 의상, 깔끔하고 도회적인 공간 등이 그런 확신을 준다.

이 미완성 작품을 둘러싼 평가와 해석은 분분하다. 그렇지만 널리 알려진 노래'아델리타'의 가사를 환기시키면서 멕시코 혁명과 멕시코성의 조화를 표현한 것으로 받아들여지고 있다. 뒤로는 포포카테페틀Popocatépetl화산火山이 보이는 가운데 붉은색 넥타이 차림의 판초 비야가 액자 속에 자리 잡고 있다. 그런데 여기서 특이한 점은 혁명을 상징하는 기차의 객차 안과 지붕에 여행객처럼 앉아 있는 아델리타들의 얼굴의 윤곽과 형태가 전체적으로 매우 흐릿하게 마무리되었다는 것이다. 옥타비오 파스Octavio Paz의 지적대로 마치 여성은 '보이지 않는', '숨은', '수수께끼'인 양. 게다가 아델리타들 모두가 공교롭게도 남성 혁명군들 사이에 '놓여' 있다. 단독적인 역할을 수행하지 못하고 남성 혁명군과의 관계에 의해서만 자리매김 되는 존재처럼. 늘 남성 혁명군들 사이에서 소유와 구애의 대상으로 그려졌듯이.

총도 탄약도 표정도 없는 여성 혁명군 아델리타들이 유독 더 낯설게 느껴지는 것은 왜일까? 그저 미완성 작품이기 때문일까? 프리다 칼로가 그렸기에 더 그런 걸까?

아델리타에 대한 (재)평가 작업은 여전히 미완으로 남은 상태다.

아멜리아^{Amelia}에서 아멜리오^{Amelio} 로

멕시코 마초를 상징하는 콧수염이 없던
아멜리오의 삶은 모욕과 혐오와 차별로 점철되었다.
무훈을 공인받지 못했을 뿐만 아니라 등록되지 못하는
소수자의 수모를 식솔처럼 거느려야 했다.

　멕시코 혁명 기간 동안 페트라 에레라와 같은 '여성 혁명군'[21]은 셀 수 없을 정도로 많이 배출되었다. 총을 든 사연도 각기 달랐고 역할과 업적도 제각각이었다. 지역적 기반이나 정치적 지향성도 각양각색이었으며, 후대의 평가도 갈렸고, 기억되는 방식 또한 천차만별이었다. 예컨대 클라라 데 라 로차^{Clara de la Rocha}는 혁명군 장군이었던 아버

---

21) 엄밀한 의미에서는 남성 혁명군을 따르던 여성 일반(soldadera)과 직접 총을 들고 전투에 참전했던 여군(soldada, female soldier)을 구별할 필요는 있다. 하지만 상황에 따라서는 이 둘의 구분이 모호한 경우도 많았다. 따라서 내용 전달의 편의상 여기서는 이 둘을 엄격하게 구분하지 않고 뭉뚱그려 '여성 혁명군'이라 칭한다. 앞의 글에서 이미 눈치를 챘겠지만, 스페인어에서 어미 'o'로 끝나는 명사는 많은 경우 남성명사이고, 어미 'a'로 끝나는 명사는 거개가 여성명사다.

지Herculano de la Rocha를 따라 혁명전쟁에 투신해서 대령의 지위에까지 오른 여걸女傑이었다. 주로 시날로아Sinaloa 주州에서 벌어진 전투에 참전했고 아버지와 환상의 부녀 듀오를 이루며 명사수로 이름을 날렸다. 멕시코 혁명 이후 까맣게 잊혔다가 다소 엉뚱한 계기로 재조명을 받으며 집단망각으로부터 벗어났다. 영화 〈스타워즈 에피소드 4: 새로운 희망〉1977 때문이었다. 귀마개처럼 양 귀에 초코파이를 붙인 듯한 영화 속 레아 공주캐리 피셔의 독특한 헤어스타일이 클라라 데 라 로차의 '찜질방 양머리'에서 영감을 받았다고 해서 뒤늦게 큰 화제를 불러 모았다.22)

대부분이 가난한 농촌 출신이었지만 '금발의 카라스코La Güera Carrasco'로 불리던 라모나 플로레스Ramona R. Flores와 카르멘 벨레스Carmen Vélez처럼 여성 혁명군들 중에는 부유한 계층 출신도 더러 있었다.

상당한 재력가였던 라모나 플로레스는 100여 명의 남성 혁명군을 이끌고 전장을 누볐을 뿐만 아니라 멕시코 독립운동1810~1821 당시의 레오나 비카리오Leona Vicario처럼 막대한 사재를 털어 군자금을 댔다. 미모도 출중했다. 눈에 띄게 큰 키와 금발에 파란 눈이 어우러진 호탕한 외모로 뭇 남성들을 무장 해제시켰다. 그런가 하면, 카르멘 벨레스는 가족 소유의 농장 일꾼들을 포함한 300여 명으로 구성된 '사설부대'를 '운영', 게레로Guerrero 주州 일대를 벌벌 떨게 만들었다. 그녀의 카리스마와

---

22) 레아 공주의 독특한 헤어스타일이나 전사 이미지가 클라라 데 라 로차뿐만 아니라 북아메리카의 호피(Hopi)부족에서 영감을 받았다고도 한다.

독특한 헤어스타일의 클라라 데 라 로
차(좌)와 '남자다움'을 고루 갖춘 아멜
리오 로블레스(우)

정치적 소신도 큰 위협이었지만, 연방 정부군은 그녀를 뒷받침하던 집
안의 재력을 더 견제했다.

아울러 용맹함과 잔혹함으로 이름을 떨쳤던 여전사도 있었다. 마가
리타 네리Margarita Neri가 바로 그중의 한 명이었다. 그녀는 남부군 총사령
관이었던 에밀리오 사파타Emilio Zapata 부대에서 가장 두각을 나타냈다.
자신의 휘하에 1,000여 명의 남성 혁명군을 뒀을 정도로 '평판지수'가
남달랐던 여성 혁명군이었다. 논란이 있긴 하지만, 처음으로 혁명군에
합류할 당시 그녀는 남편을 살해한 도망자 신분이었다고 한다. 판초 비
야와는 다르게 여성 혁명군에게 호의적이었던 사파타가 첫손에 꼽던
마야계 원주민 출신의 여성 지휘관이었다.

하지만 수많은 여성 혁명군들 중에서 단연 눈에 띄는 인물은 아멜리아 로블레스Amelia Robles, 1889~1984 대령coronela이다. 뛰어난 지휘관이었고 탁월한 군인이었지만 여자로 태어났다. 페트라 에레라처럼.

23살이던 1912년에 다른 많은 여성 혁명군과 마찬가지로 남장한 채 혁명군의 일원이 됐다. 하지만 페트라 에레라처럼 멸시와 조롱, 차별과 폭력을 당하지 않기 위해 남장을 한 것이 아니었다. 아멜리아Amelia는 실제로 자신을 '남자'라고 생각했기 때문에 아멜리오Amelio처럼 입고 행동했다. 자신의 생물학적 성性을 숨기기 위함이 아니라 자신이 인식하는 성性 정체성을 드러내기 위해 바지를 입고 총을 들고 담배를 물었다. 어릴 때부터 이미 아멜리아의 일이 아니라 아멜리오 짓에 더 능숙했다. 바느질, 설거지, 다림질보다 말과 총을 다루는 것이 더 편했고 천성에도 맞았다. 시쳇말로 '선머슴medio hombrada' 같았다.

사실 아멜리오는 성전환 수술이나 호르몬 치료를 받을 수 없었기에 트랜스섹슈얼이 될 수 없었던 트랜스젠더였다. 멕시코 혁명 기간 동안 사파타 휘하 부대에 소속되어 70여 차례의 굵직굵직한 전투에서 자신을 입증하고 동료들로부터도 두터운 신망을 얻었다. 1919년에 사파타가 암살당한 후 항복했을 때는 315명의 혁명군을 거느린 대령 신분이었다. 멕시코 혁명의 무장 투쟁 단계가 일단락되고 대부분이 총을 내려놓았던 1924년에도 아멜리오는 알바로 오브레곤Álvaro Obregón을 위해 다시 총을 들었다. 타고난 성性이 여자라는 이유로 대령 계급을 인정받지 못했지만, 기꺼이 하사관으로 참전할 정도로 타고난 싸움꾼이자 천생 군인이었다. 그럼에도 불구하고 대령에서 하사관으로 강등된 사실에서 짐작할 수 있듯이 멕시코 혁명 이후의 삶은 순탄치 못했다. 멕시코 혁명이 제도화의 길로 접어들자 혁명 동지들은 속속 일상으로 복귀했다. 하지만 그는 넥타이를 풀 수 없었고 모자를 벗을 수 없었다. 아멜리오가 되기 위한 그의 싸움은 다시 시작되었다. 자신의 성을 부정하거나 모욕하는 사람들에게는 총을 꺼내들 정도로 단호했고, 평소에도 늘 남성용 속옷을 착용할 정도로 철저했다. 뼛속까지 남자이고 싶었지만 벽은 두꺼웠고 턱은 곳곳에 산재했다. 멕시코 마초를 상징하는 콧수염이 없던 아멜리오의 삶은 모욕과 혐오와 차별로 점철되었다. 무훈을 공인받지 못했을 뿐만 아니라 등록되지 못하는 소수자의 수모를 식솔처럼 거느려야 했다.

마이 네임 이즈 맨   그러다 우여곡절 끝에 71살이던 1970년에 희소식이 날아들었다. 멕시코 국방부로부터 멕시코 혁명 관련 공적을 인정받아 멕시코 혁명 참전용사veterano로 이름Amelio을 올리게 됐다. 멕시코 혁명이 끝난 지 딱 50년 되던 해였고, 국방부에 혁명유공자 포상 신청을 한 지 햇수로 거의 15년 만의 결실이었다. 남장한 채 혁명에 투신했다가 남자로, 대령으로 예편할 수 있게 된 셈이었다. 특히나 여성 참전용사veterana 아멜리아가 아니라 아멜리오로 인정을 받을 수 있었던 데는 선출직 공무원과 고위 관료로 진출한 옛 전우들의 편견 없는 지원 사격이 결정적이었다. 이후에도 다수의 게레로^{Guerrero} 주^州 주지사와 3명의 멕시코 대통령으로부터 '아멜리오' 자격으로 서훈을 받았다. 이렇게 해서 그는 국가 기관에 의해 인정을 받은 멕시코 최초의 트랜스젠더로 기록되었다. 출생기록부와 병적기록부의 성^性이 불일치하는 트랜스 혁명군^{trans soldado}이 되었다. 멕시코 혁명에 뛰어들었던 많은 사람들이 권력과 부와 명예를 전리품으로 챙겼다면, 아멜리오는 군복속에서 자유를 누리고 자신의 성^性과 적성을 찾았다. 'she/hers'가 아니라 자신이 생각하는 사회적, 문화적 성^性인 'he/him'이라는 성별 인칭대명사로 불리기를 원했던 아멜리오 로블레스. 아멜리아를 지우고 아멜리오로 거듭나기 위한 그의 싸움은 1984년에 마침표를 찍었다.

고단했던 삶을 뒤로 하고 아멜리오 로블레스라는 이름 아래 묻혔다.

그의 사후 멕시코 혁명에 헌신했던 그의 '삶'을 기리기 위해 그의 고향에는 그의 이름을 딴 박물관과 초등학교가 문을 열었다. 하지만 참으로 얄궂게도 두 곳 모두 '대령 아멜리아 로블레스^{Coronela Amelia Robles}'라는 현판을 내걸었다. 아멜리오 로블레스로 기억되기를 원했던 그의 마지막 '유지' 따윈 아랑곳 하지 않은 채. 그렇게 그의 '뜻'을 기리는 박물관과 초등학교에 의해 아멜리오의 '삶'은 송두리째 부정당했다.

결국 아멜리오는 아멜리아라는 이름 아래 묻혔다.

아델리타
: 기억과 해석 투쟁

가난, 차별, 배제, 억압, 폭력이 끊이지 않기에
아델리타스의 인정투쟁은 대를 이어 현재진행형이다.
그때나 지금이나 그녀들이 서 있는 곳이 곧 전쟁터다.

　총을 든 용감한 여성들^{valentinas}. 대열의 맨 앞에 위치한 여성이 지휘관^{la coronela}으로 보인다. 초기의 멕시코 혁명 소설이나 영화 및 혁명 코리도^{corrido}는 여성 혁명군들^{soldaderas}, 일명 '아델리타스^{adelitas}'를 남성 혁명군의 종속 변수로 치부했다. 멕시코 문학사에서 넬리 캄포베요^{Nelli Campobello}의 『탄약통^{Cartucho}』1931, 콘수엘로 델가도^{Consuelo Delgado}의 『나 또한 아델리타^{Yo también, Adelita}』1936, 엘레나 포니아토프스카의 『그리스도, 너를 보지 않을 때까지^{Hasta no verte Jesús mío}』1969 등과 같은 선도적이고 전복적인 작품들이 아예 없었던 것은 아니었다. 그렇지만 멕시코 혁명 소설은 대개의 경우 남성적 시선이 압도하던 마초의 서사였다.

아델리타
: 기억과 해석 투쟁

가난, 차별, 배제, 억압, 폭력이 끊이지 않기에
아델리타스의 인정투쟁은 대를 이어 현재진행형이다.
그때나 지금이나 그녀들이 서 있는 곳이 곧 전쟁터다.

　총을 든 용감한 여성들valentinas. 대열의 맨 앞에 위치한 여성이 지휘관la coronela으로 보인다. 초기의 멕시코 혁명 소설이나 영화 및 혁명 코리도corrido는 여성 혁명군들soldaderas, 일명 '아델리타스adelitas'를 남성 혁명군의 종속 변수로 치부했다. 멕시코 문학사에서 넬리 캄포베요Nelli Campobello의 『탄약통Cartucho』1931, 콘수엘로 델가도Consuelo Delgado의 『나 또한 아델리타Yo también, Adelita』1936, 엘레나 포니아토프스카의 『그리스도, 너를 보지 않을 때까지Hasta no verte Jesús mío』1969 등과 같은 선도적이고 전복적인 작품들이 아예 없었던 것은 아니었다. 그렇지만 멕시코 혁명 소설은 대개의 경우 남성적 시선이 압도하던 마초의 서사였다.

　여성 혁명군들은 주로 자신들의 남자$^{su Juan'}$를 따라다니며 '봉사하는' 고분고분한 이미지^{Juanas}로 소비되었다. 마초적인 역사관에 의해 그녀들의 이야기$^{Her-Story}$는 역사적 지분을 취득하지 못하고 격하된 채 주변부로 밀려나 침묵을 강요당했다. '위안부'와 취사병에서부터 탄약관리병과 전투병에 이르기까지 다양한 방식으로 전면에서 혹은 배후에서 혁명을 살았음에도 불구하고, 공식 역사와 문화 권력은 아델리타스를 혁명의 곁가지, 곁다리로 취급했다. 여성 혁명군 전체를 도매금으로 싸잡아 희화화하고 무시하고 매도했다.

　혁명 기간이나 이후의 문학을 포함한 예술 전반에 걸쳐 대개 성적 도구나 낭만적인 마초 추종자^{seguidora}로 그려졌다. 소유와 구애의 대상으로, 요리와 세탁의 주체로 묘사되었다. 기껏해야 야영지 설치, 부상병 치료, 시신 처리, 사망한 적군들로부터 총기류와 탄약 수거, 정찰, 스파이, 보급 등을 전담하는 군 보조 인력으로 분류되었다.

『천민들Los de abajo』1919의 카밀라Camila가 그랬고, 『아르테미오 크루스의 죽음La muerte de Artemio Cruz』1962에서 레히나Regina가 그랬다. 라파엘 무뇨스의 『판초 비야와 함께 가자!Vámonos con Pancho Villa!』1931와 프란시스코 우르키소의 『늙은 부대Tropa vieja』1943 속의 아델리타스도 예외는 아니었다. 『눈이 큰 여자들Mujeres de ojos grandes』1990에서 앙헬레스 마스트레타가 여성 혁명군에게 할당한 공간 역시나 부엌이었다. 『올드 그링고Gringo Viejo』1985에서 그녀들이 부여받은 보직도 가르두냐Garduña처럼 창녀이거나 타코taco를 보급하던 '야전 식모' 노릇에 국한됐다.

멕시코 벽화운동의 트로이카 중 한 명이었던 호세 클레멘테 오로스코는 아델리타를 다소간 경멸적으로 묘사하기까지 했다. 그는 그의 작품 〈여성 혁명군Las soldaderas〉1926과 〈사파티스타 행렬Desfile zapatista〉1931에서 여성 혁명군들에게 총을 지급하는 대신, 원색의 치마, 온 몸을 휘감는 숄 망토, 무거운 짐 꾸러미를 안겼다. 고개를 떨군 채, 총을 든 남성 혁명군의 뒤를 따라가는Follow 뒷모습과 옆모습만을 허락했다. 아델리타를 남성-군인-팔로워Follower로 취급했다. 반면에 할리우드는 〈밴디다스Las bandidas〉2006 23)에서 사라 산도발셀마 헤이엑과 마리아 알바레스페넬로페 크루스를 내세워 아델리타를 '쌔끈한' 은행털이범으로 변형시켰다.

---

23) 영화 제목 'Las bandidas'는 '반디다스'로 읽는 것이 옳다.

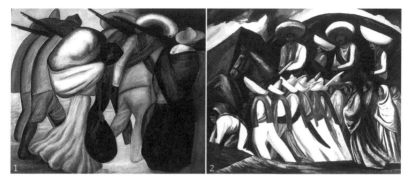

1 호세 클레멘테 오로스코(José Clemente Orozco)의 <여성 혁명군들 Las soldaderas>(1926). 지나치게 곱고 유약하며 순종적인 느낌의 아델리타. 여리여리한 몸매와 덩치보다 더 큰 짐이 시선을 사로잡는다.
2 호세 클레멘테 오로스코(José Clemente Orozco)의 <사파티스타 행렬 Desfile zapatista>(1931).

소설 『달콤 쌉싸름한 초콜릿』에서 헤르트루디스가 자신의 '후안'을 처음 만났던 당시를 회상하며 부르던 노래 'Mi querido capitán'도 남성 혁명군을 해바라기하던 그런 수동적이고 낭만적인 아델리타를 소환한다. 그러나, 세르게이 에이젠슈타인이 그의 미완성 영화 〈멕시코 만세!｜Que viva México! 〉1930-1932에서 의욕적으로 펼쳐보이고자 했듯이, 아델리타에 대한 재평가 목소리도 거셌다. 남성적 원리가 극단적으로 요구되던 혁명전쟁에 주동적으로 개입했던 이들 여성 혁명군들을 서사의 전위에 내세우는 작품들도 봇물을 이뤘다. 침묵하던 반쪽의 역사를 복원하고 여성 혁명군들의 역할과 존재감을 적극적으로 (재)조명했다. 아델리타 재해석 작업은 그렇게 문학과 영화〈라 헤네랄라 La generala〉, 〈라 솔다데라 La soldadera〉, 〈검은 앙구스티아스 La negra Angustias〉, 〈판초 비야와 라 발렌티나 Pancho Villa y

La Valentina〉, 〈라 쿠카라차 La cucaracha〉, 미술과 연극 등 다양한 장르에서 다각도로 모색되었다.

각주에서
본문으로

정당과 정권의 정통성을 확보하기 위해 멕시코 혁명을 계승해야 했던 제도 정치권도 여성 혁명군의 존재를 무시할 수만은 없었다. 성적 매력뿐만 아니라 남성성의 표지들로 분류되었던 용맹함과 통솔력을 두루 겸비한 전설적인 여성 혁명군 지도자'coronela' 혹은 'capitana'들이 가장 먼저 시민단체와 제도 정치권의 러브콜을 받았다. 늦게나마 혁명유공자로 지정되거나 추서됐다. 나중에는 그들뿐만 아니라 그들과 함께 직접 총을 들고 전장을 누볐던 일반 여성 혁명군의 일부도 역사적으로 복권됐다. 역사의 최전방을 사수했지만 바로 그 역사에 의해 후방으로 밀려났던 아델리타. 불명예를 벗고 단순화와 왜곡으로부터 벗어나서 혁명의 객체에서 주체로 거듭났다.

실제로 한꺼번에 500여 명이 혁명유공자로 지정돼 멕시코 혁명 당시의 무훈武勳을 공적으로 재평가 받았다. 멕시코 혁명 이후 혁명 관련 공적과 그에 따른 사회경제적, 직업적 혜택 및 명예를 남성 혁명군 출신이 거의 독식하던 관행을 깨는 이례적인 조치였다. 1939년에 여성 혁명군에 대한 예우와 서훈 관련 법령을 제정한 라사로 카르데나스Lázaro Cárdenas 정부의 공이 컸다. 물론 첫 술에 배부를 수는 없었을 터. 기대가 컸던 만큼 실망감도 적잖았고 반발도 없지 않았다. 혁명 당시의 계급을 인정받지 못했고, 연금 수령은 가능했지만 군으로의 복귀는 불가능했다. 이는 여성 혁명군을 군인으로 예우하지 않은 때문이었다. '시민군'으로 민간인으로 규정한 때문이었다. 전투부대를 실질적으로 지휘하거나 전투에 직접 참가하고 혁명군 조직에 편제되어 있었음에도 불구하고 거의 대부분 군인으로 대접받지 못한 것이다. 아이러니하게도 민간인 신분으로 무훈武勳을 인정받은 셈이다. 프랑스에서는 6살짜리 어린아이에게조차도 레지스탕스 하사 계급을 추서해 나치군에 대항한 용기를 기렸지만, 대부분의 멕시코 여성 혁명군은 그런 대우를 받지 못했다.

여러모로 성에 차진 않았겠지만 상당히 전향적인 조치이긴 했다. 멕시코 혁명과 여성의 상관관계를 재정립하는 신호탄이 됐다. 주변적인 것으로 각주 취급을 받았던 여성 혁명군이 공식 역사의 본문에 진입한 것은 그 자체로 의미가 적지 않았다. 남성 혁명군들이 살아남을sobrevivir 수 있었던 원동력이 여성 혁명군들과 한솥밥을 먹고convivir 함께 혁명군 생활vivir을 한 덕분이었음을 공인한 것과 다를 바 없었다. 혁명군을 건사하고, 나아가 혁명 그 자체를 부양했던 여성 혁명군들이 없었다면 아예 멕시코 혁명도 불가능했다는 사실을 추인한 것이었다. 그럴 수밖에 없는 것이, 여성 혁명군들이 멕시코 혁명의 대중적 성격과 기반을 뒷받침했을 뿐만 아니라 실제로 혁명의 핵심 인프라를 구성했다. 엘레나 포니아토프스카의 말마따나 여성 혁명군이 없었다면 남성 혁명군은 '먹지도, 자지도, 싸우지도 못했을' 테니까. 멕시코 혁명이 10년 동안이나

아델리타스를 연상시키는 치카노 운동 조직원('Brown Berets')들의 거리 행진 모습. 이 조직 최초의 여성 지도자였던 글로리아 아레야네스(Gloria Arellanes)는 치카노 조직 내에 만연한 성 불평등을 질타하며 조직을 탈퇴했다. 조직 지도부에게 보낸 이별 통보의 맨 마지막 문구는 '체와 함께(Con Che)'였다. 갈색 베레모를 쓴 대원들 뒤로 평등사상을 상징하던 체 게바라의 얼굴 사진이 엿보인다. 마초적이었던 치카노 조직 문화와 결별한 이후 글로리아 아레야네스는 1970년에 치카나 운동 조직 '아스틀란의 아델리타스(Las Adelitas de Aztlán)'를 결성했다. '미국에서 살아가는 멕시코계 여성들'(치카나들)은 여성 혁명군 아델리타스와 자신들을 동일시했다. 자신들의 입장과 요구를 아델리타스에 빗대 표현했다.

지속될 수는 없었을 테니까. 1939년 이후에도 멕시코 정부 차원의 자료 및 영웅heroina 발굴 작업과 업적 (재)조명 작업은 간헐적으로 이어졌다. 가령 '아델리타'라는 명칭과 코리도corrido '아델리타'를 탄생시킨 장본인인 아델라 벨라르데 페레스Adela Velarde Pérez의 경우, 1941년과 1961년에 각각 멕시코 국방부와 정부로부터 혁명 당시의 업적을 인정받아 혁명유공자로 지정되고 연금 형태의 보훈지원금을 지급받았다.

시간은 흘러 1960~1970년대에는 치카나chicana, 미국에서 살아가는 멕시코계 여성들에 의해 아델리타는 전투적인 페미니즘의 전범典範으로 재해석되었다. 아델리타들 상당수가 농촌 출신 여성이었기에 치카나는 아델리타에게서 인종적·민족적 일체감뿐만 아니라 계급적·계층적 동질성도 느꼈으리라. 글로리아 아레야네스Gloria Arellanes가 주도했던 '치카나 운동' 조직 '아스틀란의 아델리타스Las Adelitas de Aztlán'에서도 확인할 수 있듯이, 아델리타는 저항의 상징으로 통했다. 치카나의 인정투쟁을 지원 사격하며 치카나들의 롤 모델로 우뚝 섰다. 치카나들은 주로 노동운동 지지, 폭력 경찰 및 전쟁 반대, 교육 개혁 의지 등을 아델리타에 빗대 드러냈다.

그렇지만 이런 흐름과는 별도로 멕시코의 주류 문화와 대중매체의 시선은 여전히 싸늘하다. 아델리타에 대한 통속적이고 전투적인 선입견을 버리지 않고 있다. 낡은 전통을 고수하며 익숙한 스테레오타입을 답습하고 있다. 여성 혁명군을 창녀·애인·정부情婦·요부妖婦·납치와 강

멕시코의 치아파스(Chiapas) 주에 있는 벽화(사진 좌). 여성 혁명군 아델리타가 멕시코 국기와 사파티스타민족해방군(EZLN) 깃발을 양손에 움켜쥐고 있다. 1994년 무장봉기 당시 사파티스타민족해방군의 $\frac{1}{3}$이 여성이었다. 이들 마야계 원주민 여성들은 사파티스타민족해방군이 공표한 혁명 자치 규약에 의해 '그 어떤 차별 없이 원하는 방식으로 능력껏 혁명 투쟁에 참여할 권리'를 획득했다. 사망할 때까지(2006) 여성 사파티스타의 대모였던 라모나(사진 우)는 사파티스타민족해방군의 사령관직을 맡았다.

간을 당한 여성 등의 이미지로 확대 재생산하고 있다. '화끈한 여자'로, '고분고분한 여자'로, 마초 추종자Follower로 그리고 있다.

비록 시간은 많이 흘렀지만 아델리타스를 둘러싼 기억과 해석 투쟁은 여전히 지속되고 있다. 멕시코 혁명이 발발한 지 100년도 넘게 지났지만 아델리타스의 싸움은 아직 끝나지 않았다. 가난, 차별, 배제, 억압, 폭력이 끊이지 않기에 아델리타스의 인정투쟁은 대를 이어 현재진행형이다. 그때나 지금이나 그녀들이 서 있는 곳이 곧 전쟁터다.

판초 비야와
벌거벗은 여자 사이

가만 보면 그다지 새로울 것도 없다. 그 나물에 그 밥이다.
전복적인 여성 혁명군 이미지를 대대적으로 차용하는 듯하지만,
그 즉시 대부분 발라내 '버리고' 그야말로 '이미지'만 끌고 간다.

'판초 비야 시대의 사랑'을 다루는 음식영화 〈달콤 쌉싸름한 초콜릿
Como agua para chocolate〉에도 여성 혁명군 아델리타가 등장한다. 주인공 티
타와는 달리 판초 비야가 이끄는 북부군 소속 부대장으로 깜짝 변신했
던 헤르트루디스는 과연 어떤 아델리타일까.

역사가 소거된 사적인 영역에서(부엌에서) 젖은 아궁이처럼 살면서
요리사-요리치료사curandero culinario-페드로의 '얼굴반찬' 구실을 하던 티
타와 정말이지 선명하게 대비되는가. 소극적인 저항을 통해 '내적 혁명
revolución interior'의 리비도를 충전했지만, '칼'은 들었지만 부엌을 벗어나
지는 못했던 티타. 그렇게 칼의 볼모가 되어 부엌대기로 살았던 티타보

다 헤르트루디스가 확실히 더 혁명적인가. 그래서 〈달콤 쌉싸름한 초콜릿〉은 여성 혁명군 헤르트루디스를 앞세워 혁명 서사의 누습을 꼬집고 야유하고 비틀면서 온전하게 전복의 미학을 실현하는가. 단도직입적으로 묻자. 헤르트루디스는 아델리타에게 덧씌워진 성적 이미지를 벗어 던지는가.

그렇지 않다. 얼핏 보기에는 멕시코 혁명 영화(소설)의 전통과 전형에 균열을 내는 듯도 하다. 후안 알레한드레스 휘하의 북부군 소속 부대를 실질적으로 지휘하던 헤르트루디스^{generala}는 남성 중심적 역사관에 의해 왜곡되고, 매도되고, 매장되었던 '아델리타'를 여성주의 시각으로 재해석한 인물이라고 할 수도 있겠다. 기존의 성별화된Gendered 자질과 권력 공간을 헝클어버리면서 나름의 경계 가로지르기Border Crossing를 실행하는 듯도 하다. 허나, 가만 보면 그다지 새로울 것도 없다. 그 나물에 그 밥이다. 전복적인 여성 혁명군 이미지를 대대적으로 차용하는 듯하지만, 그 즉시 대부분 발라내 '버리고' 그야말로 '이미지'만 끌고 간다. 헤르트루디스를 사적 영역에서 공적 영역으로 수직 이동시킴과 동시에 곧바로 탈-정치화de-politicised시켜버리는, 말하자면 거세시켜버리는 특유의 이중전략을 구사한다. 그 결과 성 담론은 권력에 대한 담론으로 확장되지 못하고, 정치적 공간으로 헐겁게 삽입된 헤르트루디스는 '초콜릿을 끓이는 물como agua para chocolate'이 아니라 기름 속의 물처럼 겉돌고 만다. 너무 싱겁게 페미니즘적 리비도를 탕진해버린다는 뜻이다.

고디바Godiva를 연상시키며 나체로 말을 탄 채 혁명으로 달려갔던 헤르트루디스.[24] '몸속에서 아주 강렬한 불길이 일었기 때문'[25]에 '뜨겁게 달궈진 질냄비' 같았던 그녀. 민망하게도 그녀가 실제로 보여준 것

---

24) 이 역을 맡은 클라우데테 마일예는 영화가 히트한 후에 뉴욕 시장이 입회한 파티의 뒤풀이의 일환으로 영화의 그 유명한 장면을 실재로 재현하기도 했다.

25) 이 장에서 사용하고 있는 소설 텍스트는 라우라 에스키벨(2004), 『달콤 쌉싸름한 초콜릿』, 권미선 옮김, 민음사의 것이다.

멕시코 혁명을 기념하는 매년 11월 20일에 빠지지 않고 등장하는 아델리타 퍼레이드 모습.

은 별로 없다. '판초 비야의 여자'가 된 이후의 모습은 군복을 입기 전의 모습과 크게 다르지 않다. 에로틱한 반란을 일으켰던 그녀가 성 해방^{여성 해방이 아니다!}과 혁명군 생활을 통해 얻은 것도 딱히 없다. 있다면 기껏해야 '집밥'에 대한 그리움과 피임법, 바지와 '남성적 자질^{marimacho}'에 불과할 뿐이다. 혁명의 전리품이자 혁명의 제도화를 상징하는 포드 자동차^{Ford Coupe T} 1대와 가족^{남편과 자식}이 사실상 전부다. 멕시코 혁명을 촉발시킨 농장 및 토지문제와 계급·인종·하인과의 주종관계 문제 등에 대해서는 티타처럼 무관심으로 일관한다. 혁명과 혁명 과업에 대해선 아예 일언반구도 없다. 나체로 떠났다가 군복을 입고 돌아왔을 뿐, 군복만 걸쳤을 뿐, 무늬만 혁명군이었다고 해도 지나치지 않다. 하여, 변한 것은 사실상 거의 없다. 혁명군 지도자로 변화하는 과정에 성장이 누락

되었다. 진급은 했지만 현실 인식에 있어서의 진전은 찾아볼 수 없다. 진지함의 부재 또한 가장 도드라져 보인다. 혁명에 몸담음으로써 오히려 혁명의 대의로부터는 더 유리된 느낌이다. 허울 뿐 알맹이는 없어 보인다는 얘기다.

멕시코 혁명과 여성 혁명군이라는 주제와 소재를 낭비한 느낌이랄까. 캐비어로 알탕을 만든 격이다. 그래서 마마 엘레나의혹은 티타의 농장과 부엌은 사실상 멕시코 혁명의 영향권 밖에 머문다고 해도 결코 과하지 않다. 여성 혁명군 헤르트루디스는 희화화되고 성애화되었다고 해도 지나치지 않다.

결국 '판초 비야와 벌거벗은 여자 사이Entre Pancho Villa y una mujer desnuda'26)는 소문만 무성할 뿐, 물과 기름처럼 겉돌 따름이다. 특히나 헤르트루디스의 농장 및 토지문제에 대한 무덤덤한 태도는 반혁명적이고 이율배반적이기까지 하다. 멕시코 혁명 기간 동안 북부 지역의 많은 토지를 몰수해서 소작농들에게 무상으로 불하했던 장본인이 바로 판초 비야였음을 상기하면 상당히 의외다. 혁명 이후 1934년에 집권한 라사로 카르데나스 대통령이 멕시코 북부 지역에 대대적인 토지개혁을 실시했던 사실까지 더하면 의아하기까지 하다. 영화의 도입부와 결말 부분에 삽입되어 영화의 시작1910과 끝1934을 지시하는 자막은, 그러므로, 매우 부실한 다큐멘터리적 각주로 읽힐 뿐이다. 작품이 멕시코 혁명을 다루는 방식은 흡사 가마솥에 달랑 라면 하나 끓이는 꼴이다. 혁명군 장교와 만나고 헤어지고 다시 재회하는 경위나 '속불'을 '잠재우기' 위해 미-멕 국경지대의 사창가를 전전했던 헤르트루디스의 남성 편력을 감안하면, 여성 혁명군에게 총이 아니라 콘돔을 쥐어 준 격이다. 남성 혁명군이 눈만 마주쳐도 임신을 시키는 발기한 집단으로 그려지듯이, 여성 혁명군 헤르트루디스 역시나 '흥분한 여성'으로 묘사될 뿐이다. '실오라기 하나 걸치지 않고' 애마부인이 되어 혁명에 뛰어든 헤르트루디스. 그녀는 그저 '타오르는 뜨거운 열정을 잠재워 줄 남자가 절실하게 필요했'을 뿐이었다.

그래서 〈달콤 쌉싸름한 초콜릿〉은 아델리타를 새롭게 재조명한다기보다는 벌거벗은 채로 혁명에 뛰어든 헤르트루디스를 통해 관능적이고 이국적인Erotic-Exotic 멕시코의 성Sex-mex을 클로즈업하는 영화로 보인다. 텍사스와 멕시코 북부 지방의 음식Tex-mex 및 음악을 곁절이처럼 깔아놓아 미국 관객에게 잘 먹히는 영화로 보인다.[27] 그저 푸짐한 육질Meaty의 맛있고Tasty 섹시한Sexy, 한마디로 '먹음직스러운' 멕시코의 성Sex-mex을 추천 메뉴로 선보이는 격이다.

요약하면, 잡탕과 맹탕 사이를 오가는 느낌 참으로 강하다. 소설과 영화가 『콜레라 시대의 사랑』과 『영혼의 집』, 그리고 멕시코 혁명 소설

---

26) 동명의 소설을 토대로 1996년에 멕시코에서 제작된 영화의 제목이기도 하다.

27) 라틴아메리카의 크렉(Crack)과 맥콘도(McOndo) 그룹으로부터 『달콤 쌉싸름한 초콜릿』류의 '잘 먹히는 텍스트'는 십자포화를 맞았다. '잘 먹히는 텍스트'는 붐(Boom)과 포스트붐(Post-boom)과의 세대 단절을 선언하며(tratado generacional) 마콘도(Macondo)로부터의 문학적 탈주를 단행했던 크렉 멤버인 페드로 앙헬 팔로우(Pedro Ángel Palou)가 분류한 '작고, 먹을 수 있는' 텍스트의 한 예에 해당한다.

들을 한데 포스트모던하게 버무린 탓일까. 멕시코 혁명과 아델리타는 이 음식영화에 첨가된 '니 맛도 내 맛도' 없는 그저 그런 하나의 토핑에 불과해 보인다. 특히나 헤르트루디스는 아델리타에게 덧씌워진 성적 이미지를 벗어던지기는 고사하고 한 술 더 떴다. 아예 옷을 모두 벗어던졌다. 그렇게 펄펄 끓는 몸으로 '혁명적 욕구'를 맘껏 드러냄으로써 오히려 기존의 성적 이미지를 더 강화했다. 여성 혁명군의 성애화를 더 부추긴 셈이다.

사족을 달자면, 영화의 원작 소설 『달콤 쌉싸름한 초콜릿』과 흥미로운 비평적 대화가 가능한 텍스트는 가르시아 마르케스의 『콜레라 시대의 사랑』과 이사벨 아옌데의 『영혼의 집』이다. 언급된 세 편의 소설 모두 영화화되었다.

『콜레라 시대의 사랑』은 영화 〈세렌디피티〉에서 두 남녀 주인공의 7년 만의 운명적인 재회를 중매하는 책으로 등장해서 유명세를 탄 바 있다. 그럴 법도 한 것이 『콜레라 시대의 사랑』은 53년 7개월 11일을 묵혀 온 첫사랑을 끝사랑으로 택하는 그레이 로맨스다. 22년을 뭉근하게 뜸을 들인 이후에야 '나무도마 위의 칼자국처럼' 깊게 패인 이마와 입술을 맞대는 티타와 페드로의 사랑 이야기인 『달콤 쌉싸름한 초콜릿』1989을 '판초 비야 시대의 사랑'으로 간주하는 이유도 바로 이 『콜레라 시대의 사랑』1986과의 문학적 친연성 때문이다.

『영혼의 집』도 『달콤 쌉싸름한 초콜릿』과 어슷비슷하게 마르케스 식의 마술적 사실주의에 페미니즘을 곁들인 대표적인 포스트붐 소설이다. 사랑 이야기가 역사적 사건 전개와 맛깔스럽게 버무려지는 까닭에 '피노체트 군부 쿠데타 시대의 사랑'이라고 해도 될 법하다.

이 세 편의 소설은 칠레의 군부 쿠데타, 콜롬비아의 팬데믹, 멕시코의 혁명을 각각 농장에서, 침대에서, 부엌에서 바라보는 형식이다. 흥미로운 점은 『영혼의 집』1982이 훗날 『달콤 쌉싸름한 초콜릿』1989에 짝패처럼 따라붙는 요소들을 많이 거느리고 있다는 사실이다. 폭력 이후의 실어증, 다이어리, 뜨개질세상에서 가장 거대한 식탁보, 여성을 중심으로 이어지는 4대의 가족 이야기 구조, 농장, 페미니즘, 마술적 사실주의 등이 바로 그것이다.

끝으로, 위에서 언급된 세 편의 소설(영화)에는 모두 텍스트 안에 텍스트를 품고 있는 이야기 주머니들이 존재한다. 패밀리 다이어리『영혼의 집』, 섹스 다이어리『콜레라 시대의 사랑』, 요리 다이어리『달콤 쌉싸름한 초콜릿』가 그렇다. 각각의 작품이 풀어내는 이야기를 자기 안에 거의 전부 혹은 상당 부분 내장하고 있는 구조다. 그래서 이렇게 말할 수도 있겠다. 겹쳐 쓰기를 통해 『콜레라 시대의 사랑』과 『영혼의 집』을 한데 버무린 『달콤 쌉싸름한 초콜릿』은 텍스트에서 텍스트를 뽑아내는 전형적인 포스트모던 텍스트라고.

제4장
차스키 _ 발바닥이 날개였던
잉카의 파발꾼

달리는 인간, 호모 쿠란스Homo Currans
발바닥으로 이룩한 네트워크 혁명
머물 수는 있어도 멈출 수는 없다
잉카의 헤르메스
잉카의 다기능 복합 센터, 탐보Tambo
진흙 문명을 품은 돌의 문명

달리는 인간,
호모 쿠란스 Homo Currans

달리는 운명을 타고난 '포레스트 검프 Forrest Gump'라고
해야 할까. 압도적인 스피드를 발판으로
매우 효율적인 정보 전달체계를 구축했다.

'한참'이란 단어의 본뜻은 한 역참驛站에서 다음 역참까지의 거리를
의미했다. 조선시대 역참과 역참 사이의 거리는 대략 30리약 12km쯤 됐다
고 하니, 걸어서 가든, 말을 타고 가든, 두 역참 사이를 오가는 데는 제
법 시간이 걸렸을 것이다. 한 역참에서 다음 역참까지 가는 데 걸리는
시간. 바로 거기에서 '시간이 상당히 지나는 동안'이라는 뜻의 '한참'이
란 말이 파생됐다고 한다. 공간 개념이 시간 개념으로 바뀐 것이기는
하나, 송나라를 거쳐 조선시대의 군사정보 통신체계로 확립되었던 파
발제도에서 유래된 것임에는 틀림없어 보인다.

유목 사회는 아니었으나 안데스 지역을 호령했던 잉카제국에도 몽

골제국이나 조선시대와 흡사한 통신제도가 운용되었다. 단, 말馬은 없었다. 말이 없는데, 말을 타고 달리는 기발騎撥 역시 있을 리 없었다. 그렇다고 느린데다가 등뼈까지 약한 야마llama를 파발마로 대신할 수는 없었을 터. 하여 잉카는 아스텍제국과 마찬가지로 '호모 쿠란스Homo Currans', '달리는 인간'들을 발굴하는 데 주력했다.

조선의 역참에 해당하는 탐보tambo와 탐보 사이의 '한참' 걸리는 구간을 '단숨에' 주파하던 '달리는 인간' 차스키chasqui 28)를 집중 육성했다. 속

28) 와만 포만(Felipe de Guaman Poma)의 『새로운 연대기와 선정』에 따르면 잉카에는 엄밀한 의미에서 두 부류의 차스키 집단이 존재했었다. 무겁거나 부피가 큰 짐을 운반하는 아툰 차스키(Hatun Chasqui, '위대한 메신저')와 우리가 일반적으로 알고 있는 전령 추루 무유 차스키(Churu Mullu Chasqui, '소라 나팔을 지닌 메신저), 이렇게 두 그룹으로 분류되었다. 전자인 아툰 차스키는 파발꾼이라기보다는 사실상 짐꾼이나 배달꾼에 더 가까웠다.

보로 이동하던 조선의 보발步撥은 아예 상상도 하지 못했을 기발騎撥 같은 주발走撥쯤 되겠다. 달리는 운명을 타고난 '포레스트 검프Forrest Gump'라고 해야 할까. 압도적인 스피드를 발판으로 매우 효율적인 정보 전달체계를 구축했다. 차스키라는 전문 달리기꾼을 고리로 해서 작동되던 이 안데스의 파발제는 물론 백퍼센트 잉카 고유의 제도는 아니었다. 잉카 이전의 모체Moche 문명150~700과 치무Chimú 문명900~1470에 역사적 뿌리를 두고 있다. 그 두 문명의 번영을 이끌었던 '달리는 전사들corredores guerreros'의 바통을 이어받았다.

주지하다시피 잉카는 고도로 잘 조직된 네트워크 사회였다. 사통팔달을 자랑하던 잉카의 길Camino Real del Inca은 그 중심축이었다. 대동맥이었던 주도로와 실핏줄처럼 얽히고설킨 간선도로망을 합하면 총 연장 대략 5~6만㎞에 달했다. 키토Quito에서 투쿠만Tucumán을 잇는 남북의 길이만 5,200㎞에 육박했다. 로마 최전성기의 로마가도에 견줘도 전혀 손색이 없었다. 잉카의 모든 길은 세상의 배꼽이었던 쿠스코Cusco로 통했고, 대제국 잉카는 바로 이 '길'을 통해 시작됐고 완성됐다.

이 잉카의 길은 군대가 이동하는 정복 루트였을 뿐만 아니라 통치의 교두보이자 정책 통로 구실을 했다. 문화 교류의 가교였으며 이질적인 수많은 지역과 부족을 제국의 중앙으로 결속시키는 연결망이었다. 화폐와 상거래를 통한 활발한 교역은 없었으되, 노동력과 물자에 대한 제국 주도의 배치와 (재)분배가 이 길을 따라 체계적으로 입안되고 실행됐다.

이런 이유들 때문에 잉카는 늘 정복사업과 병행해서 와리Wari/Huari 문명과 티와나코Tiohuanaco 문명이 건설한 기존의 도로망을 흡수, 재정비했다. 이와 동시에 새로운 길을 내고 확장하는 작업에 제국의 역량을 집중했다.

그 길을 통제하고 서로 연결하면서 촘촘하게 푸카라Pukara, 감시 초소 혹은 방어요새를 설치하고 탐보를 운영하는 일에 공을 들였다. 넓어진 제국 경영과 통치의 필요성에 발맞춰 운송과 정보 인프라도 확대했던 것이다. 구태여 말하자면, 제국의 확장과 도로망의 확충은 선순환하는 구조였다. 결과적으로 잉카는 그 길을 따라 팽창하고, 그 길을 통해 통치와 통합의 기틀을 마련하고, 그 길과 더불어 번영했다.[29] 실크로드에 비견될 만한 이 잉카의 길은 그래서 제국의 뼈대이자 혈관이고 네트워크 그 자체였다고 해도 지나치지 않다. 잉카의 길이 안데스를 정복했다고 해도 무방하다. 그리고 그 모든 것들이 차스키가 있었기에 가능했다고 해도 과언이 아니다. 잉카의 길을 따라 달리며 안데스형 거대 네트워크 제국의 형성과 유지에 첨병 역할을 했던 파발꾼이 바로 차스키였으니까. 차스키가 곧 잉카의 길이었고, 그 차스키를 통해서 최고 속도, 최대 정보가 유통되는 인프라를 구축할 수 있었던 셈이니까.

물론 극한 직업이었다. 하지만 발군이었다.

---

29) 물론 그 길을 따라 쳐들어온 스페인 정복자들에 의해 잉카는 멸망했다. 로마가도와 실크로드를 통해서 말라리아와 흑사병이 전파되었듯이, 스페인 군대와 함께 잉카의 길을 따라 유입된 전염병은 잉카의 원주민 공동체를 궤멸 직전까지 몰고 갔다. 천재지변이나 각종 재앙을 관리하고, 확산·이동·전파를 통제하는 수단이었던 길이 전염병의 '숙주'가 된 것이다. 아이러니하게도 영토 확장의 상징이었던 길이 침략 루트로 활용되었고, 번영의 발판이었던 길이 몰락의 지름길이 된 셈이었다.

발바닥으로 이룩한
네트워크 혁명

차스키는 마라톤 거리 이상을 달리는 울트라 러너가
아니었다. 방대한 잉카의 길을 잘게 썰어
차스키 한 명이 3㎞ 내외의 거리만 책임지면 족했다.

    길의 제국이었던 로마의 기병처럼 직선의 평지를 주로 달렸다면 몹시 따분했을까. 잉카의 차스키는 유독 험지를 선호(?)했다. 익스트림 마니아(?)에 더 가까웠다. 파발마와는 다르게 달리는 노면환경을 가리지도 않았다. 그래서 차스키들은 날카로운 협곡과 천 길 낭떠러지도 마다하지 않았다. 수시로 반복되는 오르막 경사구간을 그야말로 안데스의 바람처럼 가로질러 달렸다. 저기압과 산소부족으로 웬만한 사람들은 그냥 서있기조차도 벅찼을 3,500~5,000m 고지에서 날듯이 뛰어다녔다. 험준한 안데스의 하늘 길을, 그 울퉁불퉁한 돌길^{계단길}을 전속력으로 오르내렸다. 난코스일 수밖에 없는 태평양 연안의 해안사막지대

도 그들을 돌려세우지 못했다. 동부의 아마존 정글지대도 초원처럼 내달렸다. 산과 산 사이의 허공에 해먹처럼 걸린 출렁다리^{현수교}를 건너 추위와 갈증을 이겨내며 앞만 보고 달렸다. 3대 악조건이었던 안데스 산맥, 사막, 정글지대를 오로지 두 다리만으로 종횡무진 누볐다. 요즘으로 치자면 트레일 러닝Trail Running이나 익스트림 산악^{사막} 마라톤에 최적화된 파발꾼이었던 셈이다.

18~25세의 젊은 건각들로 구성된 차스키의 스피드와 지구력은 가히 독보적이었다. 말^馬을 사용하지 않음으로써 얻게 되는 경비 절감 효

과는 그저 부차적인 것에 지나지 않았다. 그들은 15~20㎞를 1시간에 주파하는 준족들이었다. 서울에서 부산까지는 단 하루 만에 주파 가능했다. 서울에서 대전까지의 거리쯤은 반나절이면 거뜬한 속력이었다. 안타깝지만, 이에 비하면 조선의 보발步撥은 거의 경보競步 수준에 불과했다. 걷기보다 뛰기를 먼저 했을까? 어떻게 그토록 열악한 자연환경 속에서도 파발마를 압도하는 스피드와 지구력을 유지할 수 있었을까? 그 비결은 대체 무엇이었을까? 바로 릴레이 형식으로 이어달리는 데 있었다.

차스키는 마라톤 거리 이상을 달리는 울트라 러너가 아니었다. 방대한 잉카의 길을 잘게 썰어 차스키 한 명이 3㎞ 내외의 거리만 책임지면 족했다. 자신에게 할당된 그 구간을 전속력으로 달려서 다음 탐보나 차스키 와시chasqui wasi, '차스키의 집'에서 대기 중이던 다른 차스키에게 임무를 인계하는 방식이었다. '집단체력'을 극대화하는 지혜의 산물이랄까. 매우 체계적이고 효율적인 이어달리기 방식의 정보통신망이었다. 말馬과 바퀴가 없는 상황 하에서 안데스의 지형 및 지리환경에 딱 맞는 관군용官軍用 정보전달 시스템이었다.

탁월한 구간 마라토너였던 이들 차스키들은 음식과 귀중품, 군사기밀, 자연재해와 반란, 각종 행정 지시사항 및 중요 정보와 전갈을 신속하게 중앙으로 전달하고 지방으로 하달했다. 그때그때의 날씨 사정에 따라 편차야 있었겠지만, 하루에 무려 350~450㎞를 소화하는 놀라운

팀워크를 발휘했다. 게다가 촌각을 다투는 비상상황이 닥쳤을 때는 구간별로 차스키를 더 촘촘하게 배치해서 정보의 이동 속도를 한층 더 끌어올렸다. 하루에 천리400km를 가는 천리마적토마도 울고 갈 정도였다.

차스키가 얼마나 빨랐는지는 다른 지역의 파발 속도와 비교해보면 실감 난다. 엘리자베스 여왕 당시 왕실 파발의 1일 최대 이동거리는 고작 96㎞ 남짓했다. 임진왜란 당시 조선의 파발은 하루 105㎞를 달리는 데 그쳤고, 유럽 원정 당시 몽골의 파발마가 하루 최대 352㎞를 이동한 사실을 감안하면30), 그저 놀라울 따름이다. 몽골의 파발마를 코끼리로 만들어버렸을 안데스 산맥에서 차스키는 참으로 놀라운 기동력과 조직력을 선보였다. 쿠스코3,400m에서 해발고도 3,812m에 위치한 하늘 위의 호수인 티티카카호湖까지 가는 데는 그저 2~3일이면 충분했다.

그렇다면 지금도 자동차나 버스 이용 시 2,937㎞의 주행거리를 필요로 하는 페루의 쿠스코에서 에콰도르의 키토까지는 대관절 얼마나 소요됐을까? 조선시대에는 중국으로 가는 통로에 해당하는 서발西撥이 가장 중요했다면, 잉카제국에서는 쿠스코와 키토 이 두 축을 잇는 북발北撥이 특히 중시되었는데, 빠르면 단 5일, 늦어도 일주일 안에는 주파했다고 한다. 아침에 태평양 바닷가에서 잡은 등푸른 생선이 360㎞31)를

---

30) 오형규(2013), 『경제학, 인문의 경계를 넘나들다』, 한국문학사. 예외적인 시기와 구간은 있었지만, 몽골을 비롯한 유라시아 스텝 제국의 하루 평균 파발마의 이동거리는 대략 200㎞쯤 됐다고 한다. 8,000㎞의 방대한 유라시아를 가로지르는 데는 평균 40일 정도가 소요된 셈이다.

31) 우석균(2008), 『잉카 in 안데스』, 랜덤하우스코리아. p. 142. 하지만 쿠스코에서 가장 가까운 태평양 연안의 포구(192㎞)에서 잡은 생선들은 차스키들에 의해 잉카 군주의 당일 밥상에 오르기도 했다.

달려 잉카 군주의 이튿날 수라상에 진상되었다고 하니, 로마의 기병보다 2.5배가 더 빨랐다는 잉카 후손들의 자부심이 허풍처럼 들리지만은 않는다. 지금도 페루의 수도 리마에서 배송업체를 통해서 안데스의 고산지대로 물건을 하나 보내려면 아무리 빨라도 최소 이틀은 기본으로 소요될 터인데, 감탄사를 아낄 수가 없다.

실제로 스페인 정복자이자 연대기 작가였던 페드로 시에사 데 레온 Pedro Cieza de León, 1520~1554은 『페루의 연대기 Crónica del Perú』에서 그 어떤 준마駿馬보다도 더 빠르고 효과적이었던 차스키 중심의 최첨단(?) 광역 통신 네트워크를 격찬한 바 있다. 로마의 파발마를 압도하는 그 기동성과 효율성에 놀라움을 금치 못했다. 몽골의 역참제도를 접하고 난 뒤에 "전에 보지 못했던 이상한 것을 보았다", 라고 했던 마르코 폴로의 당혹감(?)도 이와 크게 다르지 않았을 것이다. 그리스 로마 문명권에 속했던 16세기의 스페인 지식인들의 눈에 비친 차스키 운영체계는 서구의 상식과 문화적 상상력을 초월하는 파격적인 발상의 전환이었던 것이다. 독창적이고 독보적인 '정보통신 혁명'(?)에 다름 아니었다.

1860년대에는 미국에서도 '정보통신 혁명'이 시도되었다. 포니 익스프레스Pony Express 우편배달 서비스가 깜짝 돌풍을 일으키면서 속도 혁명을 몰고 왔다. 말을 탄 소년 '카우보이'들을 고용해서 차스키의 아성에 도전장을 내밀었다. 157개의 역을 이어달리면서 대략 3,000㎞의 배송 거리를 단 10~12일로 단축, 세상을 떠들썩하게 했다. 서부 개척 시대를 상징하는 통신 네트워크 혁명(?)으로 아주 강렬하게 집단기억에 각인되었다. 하지만 거기까지다. 따지고 보면 이 포니 속달우편 역시나 차스키만 못했다. 기껏해야 거의 500년 전 잉카시대에서 제자리걸음(뒷걸음질?)한 것이나 별다를 게 없었다. 증기기관은 통신 및 운송수단의 혁신으로까지 나아가기에는 아직 걸음마 단계에 머물러 있었으니, 19세기 중엽까지도 차스키를 능가하는 정보전달 시스템은 세상 어디에도 없었던 셈이다. 장거리 전신 서비스 체계가 구축되기 전까지 차스키 신화는 멈추지 않았다. 좀 과장하자면, 15세기에 차스키들이 발바닥으로 이룩한 커뮤니케이션 네트워크는 21세기 손바닥 위의 IT혁명과 맞먹는 획기적인 '발명'이었던 것이다.

머물 수는 있어도
멈출 수는 없다

로드 뷰에 버금갈 정도로 주변 지형과 지세, 노면 상태와 코스
정보를 반복적으로 몸에 익혔다. 돌발적인 상황변화에 유연하게
대처할 수 있도록 가능한 모든 지름길과 우회로를 파악했다.

차스키들은 지진 등의 국가적 재난이나 병란 혹은 사변 등의 비상사
태에 늘 대비했다. 파발꾼이었던 차스키는 잉카의 (조기)경보시스템의
파수꾼 역할도 병행했다는 뜻이다. 그래서 늘 불과 봉화용 짚 다발^{장작}
을 곁에 쟁여둔 채로 교대 근무를 했다. 횃불과 연기를 군사·통신수단
으로 활용했던 일종의 잉카 식 봉수제도^{烽燧制度}에서 차스키는 그 핵심
연결고리였다. 연기와 불길을 쿠스코까지 이어 달리게 했던 봉수군^{烽燧}
^軍도 바로 차스키였던 것이다. 그렇지만 비, 안개, 구름 등으로 핫라인이
여의치 않을 때도 허다했을 터. 그럴 때면 봉수꾼 차스키는 발 빠르게
파발꾼으로 돌변, 다음 탐보까지 또 냅다 달려야했다. 그러고 보면 차
스키 제도는 상시 비상근무 체제로 운영된 셈이다. 쉬는 게 쉬는 게 아

구름과 나란히 하늘에 떠 있는 옛 잉카의 길

니었다. 머물 수는 있어도 멈출 수는 없었던 차스키. 이래저래 잉카 사
회에서 '마당발^{허브}'이었던 차스키는 밥값 제대로 하는 귀한 몸이었다.

당연히 아무나 차스키가 될 수는 없었다. 뭐니 뭐니 해도 신체 능력
이 우선 탁월해야만 했다. 하체가 특히 잘 발달되어 있고 달리기에 일
가견이 있어야 했으며, 공기가 희박한 고산지대를 주로 달려야했으므
로 심폐기능 또한 특출나지 않으면 안 되었다.[32]
　발가락 사이가 많이 벌어져서 악력과 접지력이 뛰어난 발을 가진 유

---

32) 일반적으로 최대산소섭취능력을 키우기 위해 해발고도 1,500m 이상에서 행해지는 운동을 고지훈련이
라고 하는데, 차스키들은 3,500~5,000m의 고지에서 주로 생활하고 그 구간을 전속력으로 달려야했기에 혈
중 헤모글로빈 양은 아마도 타고났을 듯하다.

소년들이 주로 조기에 선발되었다. 뒤꿈치를 지면에 거의 대지 않고 말처럼 앞꿈치로 지면을 치고 달리기에 유리한 신체 조건이었기 때문이다. 잉카에는 아스텍제국과는 달리 파발꾼 양성을 위한 전문 훈련학교 telpuchcalli는 없었으나, 조기 발굴·육성 시스템은 작동했던 것으로 보인다. 일단 선발된 후에는 아우키코나Auquicona, 차스키의 업무를 전담 관리하는 직책의 관리 감독 하에 18세가 되기 전까지 다양한 훈련을 소화하며 차스키 양성 과정을 밟았다. 스피드와 심폐지구력 강화 훈련은 물론이거니와 (전투)수영 연습도 병행했다. 로드 뷰에 버금갈 정도로 주변 지형과 지세, 노면 상태와 코스 정보를 반복적으로 몸에 익혔다. 돌발적인 상황변화에 유연하게 대처할 수 있도록 가능한 모든 지름길과 우회로를 파악했다. 이 점에서 차스키 운영체계는 고정된 것이 아니었던 몽골식 점조직 형태의 역참제도와 크게 다르지 않았다. 몽골식 역참제도만큼은 아니라 하더라도, 어쨌든 프로토콜 방식의 정보 네트워크와 일맥상통했다.

보통 차스키들은 매듭의 형태와 수, 색깔 등을 통해서 의미를 표현하던 키푸스quipus라는 매듭문자를 전달하는 임무를 띠었다. 헌데, 만일 다음 차스키에게 인계할 것이 물건이나 키푸스가 아닌 경우에는 전달 사항을 모두 완벽하게 암기를 해야만 했다. 다음 차스키가 그 하달 사항을 완전히 암기할 때까지 필요한 거리를 2명의 차스키가 나란히 달리기도 했다. 말인즉슨 암기력과 기억력도 비상해야만 했다는 것이다. 그리고 가장 중요한 철칙. 보안이었다. 워낙 중요한 기밀 사항들을 취급하는 일인지라 차스키들에게는 보안준수가 곧 생명이었다. 보안준수 의무 규정을 위반할 시에는 목숨을 내놓아야만 했다. 응당 높은 충성심 이 요구됐다. 아우키코나의 관리 감독 하에 까다로운 신원 조회(?) 절 차까지도 무사통과해야만 비로소 잉카의 길을 달릴 수 있었던 것이다. 그래서 대개의 경우는 지역의 혈연적 씨족공동체Ayllu, 아이유의 대표부족장 인 쿠라카스curacas 등과 같이 잉카 군주와 중앙정부에 대한 충성심이 이 미 검증된 집안의 자제들 위주로 발탁되었다. 그렇지만 업무의 성격상 세습이 허용되지 않는 몇 안 되는 직군 중의 하나였다.

 극한 노동 환경에 까탈스러운 요구조건까지, 몸고생 맘고생이 상당했 을 것이다. 그래서일까. 인센티브, 특혜도 있었다. 코카 잎을 씹을 수 있 는 특권! 잉카 군주와 귀족계급 등 일부 특권층만의 기호품이었던 신들 의 약초, 바로 코카 잎이 보급품처럼 배급되었다. 차스키에게 잉카 군주 가 제공할 수 있는 최상급의 대우이자 격려였다. 잉카제국이 직접 관리 하고 통제하던 최고의 사치품을 '씹는 건' 차스키들에게는 쏠쏠한 덤이 었다. 몽골 기병에게 육포와 미숫가루가 있었다면, 잉카의 파발꾼에게는 코카 잎이 있었던 셈이다. '일을 하다가 잠시 쉬는 동안 먹는 음식'이라 는 뜻의 '새참'이라는 말 또한 역참제도에서 파생됐는데, 잉카의 파발꾼 이었던 차스키들에게 코카 잎은 말 그대로 새참 같은 것이었다. 추위, 허 기, 갈증, 피로감을 덜어주는 요긴한 전투식량이었다. 어쨌거나 잉카 사 회에서 차스키는 나름 '코카 잎 좀 씹어본' 선택받은 계층이었던 셈이다.

잉카의
헤르메스

팍스 잉카이카는 바로 이런 차스키 시스템이 있었기에
가능했으리라. 톱니바퀴가 되어, 수레바퀴가 되어 잉카라는
거대한 제국을 일사불란하게 끌고 달렸던 파발꾼 차스키.

차스키는 그리스 신화 속의 헤르메스Hermes의 이미지와 묘하게도 겹친
다. 길의 신이자 전령의 신이었던 헤르메스는 날개 달린 모자를 쓴 형상
으로 곧잘 묘사되는데, 차스키 역시나 멀리서도 식별이 용이하게끔 하
얀 깃털로 장식된 고깔모를 착용했다. 헤르메스의 '날개 달린 샌들'을
연상시키듯, 발바닥이 날개였던 차스키도 샌들을 신고 달렸다. '발가락
신발'에 가까웠던, 일명 오호타스ojotas라는 야마 가죽으로 만든 맞춤형
러닝화. "발을 신발 속에 넣는 것은 깁스를 하는 것과"[33] 같다는 이치를

---

33) 크리스토퍼 맥두걸(2016), 『본 투 런 Born to Run』, 여름언덕. p. 268.

몸으로 터득한 걸까? 신발이면서 맨발에 가까웠다. 샌들의 밑창이 발보다 조금 작은 사이즈라서 경사면을 달리거나 오를 때 착지면을 발가락으로 꽉 움켜잡을 수 있는 달리기 9단들을 위한 기능성 샌들이었다.

차스키의 이 '날개 달린 샌들'은 현재 안데스 지역의 많은 잉카 후손들이 애용하는 일상화로 자리 잡았다. '잉카 샌들'이란 명칭으로 다양하게 상품화되어 글로벌 제화업체들의 호주머니를 살찌우고 있다. 차스키는 또한 자신의 도착을 알리는 푸투투pututu라는 소라 나팔과 함께 짧은 막대기도 휴대했었는데, 헤르메스의 카두케우스 지팡이와는 달리 별다른 장식이나 복잡한 상징은 없었고, 그저 마패처럼 차스키의 신분을 드러내는 표식으로 통했다.

  반복하건대, 잉카제국이 정복한 방대한 지역을 효과적으로 통치하고 정치적, 군사적, 경제적, 행정적 효율을 극대화하는 데 있어 이 차스키들의 공헌은 지대했다. 거대한 네트워크 제국에 속도를 부여하고 결속을 높이는 데 크게 기여했다. 속도전, 최저 유지비용, 네트워크화의 주역이었다. 지역과 지역, 분배와 교류, 군사와 행정, 통치와 통합을 주도하거나 매개하는 정보통신의 중추신경망Backbone Network 구실을 했다. 한마디로 '차스키가 없었다면 잉카제국의 번영도 없었다'라고 해도 무방할 듯싶다. 팍스 잉카이카는 바로 이런 차스키 시스템이 있었기에 가능했으리라. 톱니바퀴가 되어, 수레바퀴가 되어 잉카라는 거대한 제국을 일사불란하게 끌고 달렸던 파발꾼 차스키.

  시간은 흘러 근대 통신수단의 등장과 함께 길의 지배자였던 차스키들은 역사의 뒤안길로 모두 사라졌다. '인류가 경험한 가장 위대한 질주'는 멈췄다. 차스키들이 둘러멨던 보자기형 백팩qëpi은 때로는 안데스 여인의 어깨숄lliclla로 때로는 아기를 들쳐 업는 포대기로 사용되면서 그 명맥을 잇고 있지만, 그 많던 '달리는 인간'들은 이제 온데간데없다. '파시스트적 속도'에 길들여진 상당수의 차스키[34]의 후예들이 디지털 노마드로 변신한 21세기. 비록 예전만은 못하겠지만, 그래도 그 명성만은 아직도 건재하다. '차스키'라는 그 단어만은 일상생활 구석구석으로 파

고들었다. 예컨대, 정보통신IT, 교통, 언론, 운송, 배송 관련 기관이나 기업의 명칭과 아이콘으로 부활해서 여전히 안데스 곳곳을 누비고 있다. 페루 외교부가 발행하는 정기간행물의 명칭도 '차스키'이다. 페루 문화 외교의 최전선에서 문화 관련 소식을 전 세계에 전달하는 일에 동분서주하고 있다.

'차스키'는 2004년에는 페루에서 개최된 남미축구연맹CONMEBOL 주관의 코파 아메리카 대회의 마스코트로 깜짝 변신하기도 했다. 차스키가 자기 순번을 기다리며 대기하던 차스키 와시chasqui wasi, 곧 '차스키의 집'은 간판은 그대로 유지한 채, 호텔 및 요식업체로 전환, 여전히 길을 나선 사람들을 불러 모으고 있다. 길을 떠나는 사람들에게 쉼터와 길참을 제공하고 있다. 확실히 차스키는 잉카제국이 남긴 최대 히트상품

---

34) 전체 인원은 대폭 축소되긴 했으나, 그 효용성과 효율성을 인정받아 스페인 식민 통치 하에서도 상당 기간 차스키는 존속했다. 때에 따라서는 1인당 20㎞를 달리는 중노동에 시달리기도 했다. 대략 1800년경을 전후로 전령으로서의 차스키는 차츰차츰 안데스에서 자취를 감췄다.

이자 파워 브랜드로 입지를 굳힌 듯하다. 그러고 보면, 자본주의는 참으로 영리하다. 아니, 영악하다. 자연과 무의식까지도 상품화하는 잡식성 유기체인 자본은 역사로부터도 안정적으로 이윤을 뽑아내고 있다.

2000년대에 접어들어 잉카의 길은 실크로드와 '일대일로' 연결되는 추세다. 그 흐름을 따라 우리들 곁으로 차스키의 후예들이 성큼성큼 다가서고 있다. 늘 지중해와 대서양 쪽으로 기우뚱했던 차스키의 후예들이 태평양 시대를 맞아 태평양을 가로질러 아시아로 달려오고 있다.

잉카의 다기능 복합 센터,
탐보 Tambo

> 탐보는 정복과 통치와 통제의 산물이었을 뿐만 아니라
> 이질적인 문화와 부족의 통합과 교류의 부산물이었다.
> 상이한 지역과 문화들 간의 접점을 잇고 넓히면서
> 개방과 융화의 촉매제 역할을 톡톡히 수행했다.

잉카의
역참제도

조선시대의 파발제도도 여행자들의 편의를 위해 역과 역 사이에는 참站을 뒀고, 군데군데 관館과 원院을 설치해 숙식 및 접대를 제공했는데, 이와 흡사한 기능을 지녔던 것이 바로 잉카의 탐보였다. 로마시대에 말을 갈아타는 장소였던 '포스트Post'에 해당하는 곳이었다. 몽골의 칭기즈칸 시대에는 40km마다 참을 뒀는데, 잉카는 10~45km마다 탐보를 설치했다. 야마llama의 이동속도를 고려했다고도 하고, 사람마다 걷는 속도가 제각각이라고도 하지만, 대개의 경우 하루치의 도보 거리에 해당하는 20~30km마다 설치했다. 수적인 면에서나 규모면에서 '역참 제국'이었던 원나라

마추픽추 남동쪽에 자리 잡은 룬쿠라카이(Runkurakay) 탐보. 중앙에 원형의 파티오를 품은 반원형 건물 구조가 상당히 이색적이다. 편암(片巖)과 회색 화강암이 주로 사용되었고, 잉카 건축의 시그니처라 할 수 있는 사다리꼴 형태의 창문(개홀레)도 눈에 띈다. 구름을 늘 발아래에 깔아놓은 채 해발고도 3,760m에 감시 초소처럼 둥지를 틀고 앉았다. 지금은 호쾌한 능선을 따라 마추픽추로 이어지는 트래킹 관광명소이자 포토 스폿으로 유명세를 타고 있다.

를 능가할 정도였다.

잉카제국의 전성기에는 잉카의 길Qhapaq Ñan을 따라 1만 개 내외가 설치 운영되었다. 쿠스코를 중심으로 방사형으로 뻗은 그 잉카의 길을 따라 선線의 체계를 형성하면서 운영되었던 탐보는 네트워크 제국의 핵심 인프라로 기능했다. 오지와 요지를 가리지 않고 잉카제국의 확장 경로를 따라 그물망 같은 체인망을 구축했다. 주거지역, 행정지구, 농업 및 광산지대, 군사적 요충지, 종교적 성지 등 제국의 구석구석을 아우르며 매우 촘촘하게 설치되었다. 페루뿐만 아니라 잉카제국에 편입되었던 콜롬비아, 에콰도르, 볼리비아, 칠레, 아르헨티나 등지에도 산재되어 있었다. 이 안데스형 사회기반시설을 통해 잉카제국의 중앙과 지방은 유기적으로 긴밀하게 연결되고, 시시시각 변하는 정보와 물류의 흐름은 빠르게 파악되었다.

각 탐보의 조직과 운영은 지방 관리의 책임지도 하에 해당 탐보 인근의 혈연적 씨족공동체[35]가 노동 품앗이 형태로 자체적으로 관할했다. 이는 잉카 고유의 노동력 징발·할당 시스템인 미타^{mita, 일종의 공동 부역}의 의무 사항에 해당하는 것이기도 했다.

잉카의
국영 숙박 체인
일반적으로 탐보는 길을 자주 왕래하던 중앙 및 지방의 관리들이 묵는 객사客舍로 사용되었다. 이동 중인 군인들을 위한 막사로 이용되기도 했다. 마방馬房은 없었을 테지만, 파발꾼이었던 차스키들이 '새참'과 '밤참'을 먹던 일종의 에너지 충전소였다. 24시간 상시 대기하던 2인 이상의 차스키들을 위한 합숙소 내지는 베이스캠프 역할을 담당했다.

아크야와시^{Acllawasi(태양신과 잉카 군주를 섬기던 동정녀들의 거처)}로 향하던 선택받은 미모의 엘리트 미혼여성들이 잠시 다리쉼을 하거나 하룻밤을 묵고 가는 지정 숙박시설이었다. 잉카의 산악 숭배신앙이었던 '카파코차^{Capac-}

---

35) 역리 등을 포함한 역원의 확보, 각 탐보 및 탐보로(路)의 유지와 보수, 상주 근무 인원, 파발꾼 운용 등의 경제적 기반이자 관리 및 운영의 실질적인 주체는 인근의 지역 공동체였다.

cocha' 희생제의에 제물로 간택된 어린이들의 임시 거처로도 활용되었다. 또한 지역 행정의 거점으로 기능하면서 지방 관리가 해당 지역을 다스리는 관아官衙의 성격도 일부 겸했다. 뿐만 아니라 평시와 유사시를 대비해서 각종 비상식량, 동물의 털, 옷, 목재 및 땔감 등을 보관하는 곡물 저장소 및 전략물자 비축 창고 구실도 병행했다. 이는 탐보가 잉카의 구휼기관, 다시 말해 지역사회 연계형 사회안전망으로도 기능했음을 반증하는 것이다. 필요에 따라서는 축사 시설도 갖췄는데, "야마를 무려 8,000마리나 수용할 수 있는 대규모 탐보도 존재했다고 한다".[36]

탐보 아시아Tambo de Asia가 바로 그런 축사를 구비한 탐보들 중의 하나였다. 이렇듯 도공이나 직공들이 협업으로 토기 및 도자기류나 직물을 생산하던 생활밀착형 탐보에서부터 잉카 군주의 숙소·사냥·광업·코카재배·국가적 의식과 종교적 예식 등과 관련된 탐보에 이르기까지 그 기능과 역할은 매우 다양했다. 주로 수용 규모와 각종 부대시설의 구비 여부, 군사적·행정적·정치적·경제적 고려 등에 따라 탐보의 성격과 기능이 결정되곤 했다. 대략 10곳의 탐보마다 1곳의 거점 탐보를 지정, 탐보 관리의 체계성을 높이고 운영의 묘를 더하기도 했다. 이렇게 잉카의 길을 따라 촘촘하게 구축된 탐보를 통해 사람이 흐르고 물자가 흘렀다. 행정과 법이 집행되고 사회안전망의 사각지대를 해소했다. 지진과 홍수, 가뭄과 기근 등에 대비하고 전란이나 변란에 선제적으로 대처했다.

---

36) 우석균(2008), 『잉카 In 안데스』, 랜덤하우스코리아, p.136.

잉카의   탐보의 위치와 건물 형태 또한 지역과 지형 및 기
물류 체인망   후 조건에 따라 상이했다. 시야 확보가 용이한 지형
              에 초소나 요새 형태로 자리 잡기도 했고, 어쩔 수 없
이 주거지역으로부터 상당히 떨어진 한갓진 곳에도 설치되었다. 앞서
언급했듯이, 잉카의 길이 콜롬비아의 남부 파스토Pasto에서부터 에콰도
르와 페루와 볼리비아를 가로질러 아르헨티나 북부와 칠레의 마울레
Maule 강까지를 포괄하고 있었기 때문에 3,500~5,000m의 고산지대, 사
막, 정글 등지에까지도 어김없이 탐보가 들어섰다. 전설 속의 피르케
Pirque 탐보처럼 강의 이쪽과 저쪽을 잇는 출렁다리를 품은 탐보도 운영
되었다. 육참과는 다른 수참水站의 일종이었던 셈이다. 대체적으로 식수
조달의 용이함이 탐보의 위치를 결정하는 핵심 고려사항이긴 했으나,
그렇다고 반드시 물길을 따라 포진해 있지는 않았다.

  아울러 탐보는 정치·경제·문화·문명이 교류하는 통로 구실도 했다.
그래서 '다름'과 '섞임'이 어떻게 잉카사회를 직조했는지를 상징적으
로 드러내 보여준다. 예컨대 서로 다른 탐보의 건축 시기, 건축 양식,
공법, 자재 및 부재 등을 통해서 잉카가 추구했던 문화적 소통방식을
엿볼 수 있다는 얘기다. 다시 말해 다인종·다언어·다신교·다문화 부
족 세력들과의 전략적 동맹과 화평을 추구했던 잉카는 특정 공동체 문
화의 산물인 건축을 허투루 다루지 않았다. 후대의 스페인 식민주의자
들처럼 마구잡이로 건물을 뭉개거나 모욕하거나 깔고 앉지 않았다. 그

칠레의 아타카마 사막(Tambo del río de la Sal)에 들어섰던 탐보의 모습(좌)과 아타카마 사막을 가로질러 달렸던 옛 잉카의 길(우).

장소화된 공간에 각인된 집단의 기억과 시간을 최대한 존중했다. 사회 문화적 가치를 지녔거나 지역의 정체성에 기여하는 건축물들을 보존함으로써 집단 반발을 피하고 공존을 모색했다. 그래서 그런지, 잉카 이전 시대부터 집단의 삶터로 존재하던 기존의 건물을 그대로 탐보로 사용하는 경우도 수두룩했다. 기존의 건축물을 폭력적으로 유린하지 않고 부분 개조 내지는 증축해서 이용한 사례도 흔했다. 그리고 새롭게 정복했거나 다소 외딴 지방이거나 상대적으로 지역성이 옅은 곳 등에 한해서만 제한적으로 잉카 식 탐보를 신축했다. 게다가 지역 고유의 문화적·종교적 색채가 강한 곳에서는 설령 신축 탐보라 할지라도 무턱대고 폐쇄적이고 패권적인 잉카 우선주의를 고집하지는 않았다. 지역적·문화적 차이를 공간에 담아내는 데 결코 인색하지 않았다. 지역의 전통 건축 양식을 살리고 개량하고 잉카 식에 접목하는 등 매우 유연하고 개방적인 태도를 견지했다.

잉카의 이러한 포용적 현지화 전략은 각 지역의 특수성과 독자성을 인정하고 배려하는 상생의 제스처였다. 잉카 군주의 권위를 부정하지 않는 한, 각 지역 고유의 문화와 정체성을 보장하겠다는 의지의 표현이랄까. 잉카사회의 통합의 원리가 강압적인 동화나 배타주의에 함몰되지 않았음을 보여주는 흥미로운 사례라 할 수 있겠다. 요컨대 다채로운 시대적 층위와 종족의 삶이 서려 있는 탐보 건물들을 통해 레인보우 제국을 지향했던 잉카 문화의 남다른 양적 넓이와 질적 깊이를 엿볼 수 있다.

차이를 품은
건축

물론 탐보의 규모도 일정하지 않았다. 여러 기본변수들과 상황요인들에 따라 상당히 유동적이었다. 그렇지만 주로 도시와의 인접성, 지역 공동체의 정치적 위상과 인구 규모, 지형 및 기후 조건, 기본 비축 물자의 양 등과 긴밀하게 연동했다. 특히나 잉카 군주의 지방 순행 루트와 탐보 설치 지역의 전략적 가치 등에 따라 편차가 컸다. 매우 소박하고 아담한 사이즈의 탐보부터 잉카의 9대 군주 파차쿠텍Pachacútec 시대에 세워진 탐보 콜로라도Tambo Colorado, '붉은 쉼터'처럼 사다리꼴 울타리 방벽의 가장 긴 쪽의 길이가 무려 150m에 달하는 요새형 내지는 도시형 탐보까지, 그 규모와 위상은 각기 서로 달랐다. 가령 칠레의 아타카마 염호鹽湖를 지켰던 페이네Peine 탐보의 경우 꽤 큰 규모의 오아시스형 탐보였다. 길이가

62m에 폭이 25m나 되었다. 건물들 서쪽에는 직경 3m 크기의 종교 의례용 원형 석단까지 갖췄다. 잉카의 길 남쪽 끝머리에 자리 잡았던 탐보 카타르페Tambo de Katarpe도 예사롭지 않다. 잉카시대에는 무려 130채가 넘는 크고 작은 건물들로 붐볐던 곳이다. 두 개의 큼지막한 광장까지 거느린 행정 거점형 탐보였다. 칠레에서 발견된 가장 규모가 크고 중요한 탐보이긴 하지만, 안타깝게도 건물들 대부분은 시간의 하중을 견디지 못했다. 허하게 터로만 남은 상태다. 잉카시대의 탐보들 거개가 그렇듯이 돌무지 폐허로 방치돼 있다.

여하튼 탐보의 규모나 쓰임새는 설치된 해당 지역의 정치적·경제적·문화적 상황과 지정학적 여건에 따라 천차만별이었다. 요즘으로 치자면 탐보는 국가중요시설에 해당하는 다기능 복합건물에 비견할 만하다. 군용시설, 행정 거점, 물류 유통 베이스, 숙박 체인, 정보통신망, 종교적 처소, 간이휴게소, 의창義倉과 같은 구휼기관 등등의 기능을 아우르던 전천후 복합 센터에 가까웠다. 반복하건대, 탐보는 정복과 통치와 통제의 산물이었을 뿐만 아니라 이질적인 문화와 부족의 통합과 교류의 부산물이었다. 상이한 지역과 문화들 간의 접점을 잇고 넓히면서 개방과 융화의 촉매제 역할을 톡톡히 수행했다. 한마디로 통치의 전초기지이자 협치의 교두보로 기능했다. 중앙집권적인 제국 경영의 발판이었음과 동시에 사회경제적 통합의 연결고리이자 '분권'의 플랫폼으로 작동했다. 하여, 서양인의 파란 눈에 비친 탐보제도는 당시 서구의 그 어떤 제도보다도 훨씬 더 효율적이고 효과적인 제국 관리·통치의 수단이라 할 만했다. 잉카의 안데스 지배를 가능하게 했던 탁월한 정보통신·교통·물류 시스템이었다.

탐보에서
탐보 플러스로 Tambo+

'차스키'와 마찬가지로 탐보도 잉카제국이 남긴 히트상품 중 하나다. 잉카문화와 브랜드 가치를 높이는 1등 공신으로 등극했다. 잉카 시대에 운영되었던 국영 탐보의 수만큼이나 많은 상업 '탐보'가 실제로 지금 한창 영업 중이다.

안데스제국의 '숙박 체인'이었던 옛 탐보의 기능을 되살려 호텔 및 각종 여행·레저리조트&스파·숙박시설들이 '탐보'라는 상호를 내걸고 안데스 전역에서 현재 성업 중이다. 목 좋은 옛 잉카의 길 곳곳에 둥지를 틀고 앉아 길을 나선 길손들에게 잠자리와 편의를 제공하고 있다. 15세기에 물류 체인망과 편의시설 역할을 겸했던 탐보는 2015년부터 다시

리마 곳곳에 입점, 단숨에 페루의 편의점시장의 패권을 틀어쥐었다. 상업 자본을 등에 업고 탐보의 기능을 업그레이드시킨 '탐보 마스Tambo+'가 바로 그 주인공이다. 역사적, 문화적 부가가치를 덤으로 챙긴 매우 영리한 네이밍이다. 편의점계의 '잉카 콜라Inca Kola'를 꿈꾸며 단기간에 브랜드 파워와 인지도를 수직 상승시켰다. 브랜드 각인효과와 애국마케팅 측면에서 플러스 점수를 받으며 렙솔Repsol의 렙숍Repshop이나 멕시코의 옥소OXXO 등을 따돌리고 페루 최대의 편의점 프랜차이즈로 군림하고 있다. 물류 체인망이었던 잉카의 탐보처럼, 도시의 길목을 지키고 서서, 바삐 오가는 사람들을 매장으로 끌어들이고 있다. 길에 있는 사람들에게 각종 '편의'를 제공하고 있다. 자본의 신민이 된 페루인들과 잉카를 찾아온 이방인들을 상대로 '탐보'의 기능을 꾸준히 업그레이드 중이다.

진흙 문명을 품은
돌의 문명

친차를 정복한 잉카인들이 친차의 피라미드 한쪽 편에 잉카의
권위를 상징하는 새 건물을 올렸지만, 친차의 피라미드보다
더 높지 않게 마무리했다는 점이다. 친차의 성지를 존중하고
친차인들을 배려한 통 큰 디테일이었다.

매우 정교한 수로水路 시스템까지 구비했던 잉카의 탐보 콜로라도는
보존 상태가 가장 빼어난 탐보들 중의 하나다. 주위 환경과 조화를 이
루면서 힘 있게 뻗은150m 건물의 길이가 우선 시선을 압도한다. 낮지만
반듯하게 구획된 건물들의 공간적 짜임새 또한 범상치 않다. 이 '붉은
쉼터'는 안데스와 동태평양 해안을 잇는 교역과 교환경제의 중심지였
다. 군사적 요충지였고 문화의 교차로이자 잉카의 '고속도로'를 끼고
있는 '만남의 광장'이었다. 잉카의 길을 거둬들이고 내보내던 지금의
입체 교차로 같은 곳이었다. 그 크기의 웅장함만큼이나 건물들을 수놓
고 있는 다채로운빨간색, 노란색, 검정색, 흰색 컬러 벽돌로 특히 유명하다. 나스

카 지상화^{Nazca Lines}처럼 비가 거의 내리지 않는 건조한 땅에 세워진 탓에 오히려 과거의 시간과 빛깔을 비교적 또렷하게 몸에 두르고 있다. 대개의 잉카 건축물이 태양이 떠오르는 쪽인 동향인 것과 달리 남쪽을 향하고 있는 점도 상당히 이채롭다. 사막 언저리에 터를 잡고 앉았음에도 불구하고 잉카 군주를 위한 전용 목욕탕 시설까지 갖춘 점도 놀랍다. 돌에 홈을 파서 낸 물길이 건물들 내부를 포석정처럼 길게 가로질러 흐르고 있다. 알록달록한 이 '사우나'에서 잉카 황제는 무슨 두려움을 씻어냈을까. 남몰래 누가 또 지친 몸을 담갔을까.

통 큰 디테일　　　아울러 탐보 콜로라도 곳곳에서는 문화적 섞임의 흔적들도 살펴볼 수 있다. 와리^{Wari/Huari} 문명의 쇠퇴와 몰락 이후 그 일대의 패권을 차지했던 친차^{Chincha}문화^{대략 AD 800~1470}의 영향이 단연 돋보인다. 흙벽돌^{adobe}, 토담^{tapia}, 염료, 벽화, 관개 및 배

수 시설 등에서 특히 그렇다. 회반죽에 자갈을 섞어 강도를 높인 후 햇볕에 말린 아도베 흙벽돌에서 건조기후대 특유의 건축 재료와 양식을 엿볼 수 있다. 탐보 콜로라도는 돌의 문명인 잉카와 진흙의 문명인 친차가 한데 어우러진 하이브리드 건축의 진수를 보여주고 있다. 실용적인 이유에서든, 상징적인 차원에서든, 태평양을 끌어안은 안데스 건축의 너른 품이 느껴진다. 교역과 물류 허브였던 친차의 위상도 크게 와닿는다.

돌을 두부처럼   페루의 카녜테Cañete, 이카Ica, 나스카Nazca, 피스
벽돌을 레고처럼   코Pisco 등지에서 세력을 키웠던 친차는 태평양
                  연안 일대의 진흙 문명이었던 파라카스BC 700~AD
200, 나스카AD 100~800, 모체150~700, 치무900~1470 문명의 자양분을 골고루 섭취했다. 특히 물을 다루는 기술, 염료 사용, 흙벽돌 제조, 토기 및 도자기 제작기술 등에서 앞선 문명들에게 큰 신세를 졌다. 좋은 석재가 채취되지 않는 지리적 환경에서부터 온 자연적인 발상이었겠지만, 무엇보다 친차는 흙벽돌을 중시했다. 벽돌을 제조하고 쌓는 재주는 잉카의 돌 썰기 기술만큼이나 탁월했다. 잉카인들이 거대한 돌을 벽돌처럼 자유자재로 다뤘다면, 친차인들은 흙벽돌을 돌처럼 단단하고 견고하게 레고처럼 쌓아올렸다. 친차 문명은 라 센티넬라La Centinela 유적지에 벽돌로 쌓아올린 거대한 2개의 피라미드와 크고 작은 9개의 벽돌 피라

탐보 콜로라도의 벽에 시간의 더께가 켜켜로 쌓여 있다. 이 외벽은 잉카와 친차 이 두 서로 다른 건축문화의 융합을 잘 드러내 보여준다. 반복되는 사다리꼴 창문과 함께 벽의 하층부는 잉카 식 석조 건축양식(안데스 고산지대)으로 축조되어 있고 상층부는 친차 식의 흙벽돌(해안지대)로 마감되어 있다. 잉카와 친차, 안데스와 태평양 연안, 이 두 지역 정치세력의 독특한 건축 양식이 한 공간에 고스란히 담겨 있다. 서로 상이한 두 건축 스타일이 그야말로 '쌍벽'을 이루고 있다. 돌과 진흙의 이종교배가 낳은 융합건축의 좋은 본보기라 할 수 있겠다. 꼼꼼한 문화적 배려가 묻어 있는 이 벽은, 그러므로, 차이와 공존에 대한 건축학적인 오마주라 해도 될 성싶다.

미드를 남겼다. 밑변의 길이가 무려 200m나 되는 것도 있다. 그리고 여기서 더 흥미로운 사실은 친차를 정복한 잉카인들이 친차의 피라미드 한쪽 편에 잉카의 권위를 상징하는 새 건물을 올렸지만, 친차의 피라미드보다 더 높지 않게 마무리했다는 점이다. 친차의 성지를 존중하고 친차인들을 배려한 통 큰 디테일이었다.

나스카^{Nazca}·모체^{Moche} 문명과 마찬가지로 일찍부터 친차는 조류의 배설물인 구아노^{guano}를 비료로 사용했던 농경사회였다. 동시에 바다에 기대어 살던 해안문명이기도 했다. 재규어의 후손임을 자처했던 매우 호전적인 해상무역 세력이었다. 페루 남부 해안 일대에서 화폐를 사용하고 선박을 이용해서 해상무역 및 어업 활동을 주도했다. 친차의 무역 상인^{mercader}은 비슷한 시기의 베네치아 상인들이나 조선의 개성상인^{송상}과 매우 흡사했다. 방대한 상권과 무역로를 확보한 거상이랄까. 해상과 육상 교역로를 연계하는 무역 중심지로서의 친차의 입지를 공고히 다지면서 지금의 칠레·에콰도르·콜롬비아·베네수엘라를 거쳐 멀리 중미와 카리브 해안까지 이어지는 '육상·해상 실크로드'를 개척했다. 수십 척의 무역선을 보유했던 친차의 통치자들은 잉카에 복속된 후에도 분권적 세력으로 남아 잉카 군주로부터 상당한 특권적 지위를 인정받았다. '선박왕' '오나시스' 대접을 받으며 부의 상징으로 군림했다. 아울러 '특허 상인'들이 활발하게 교역과 교환 활동을 펼쳤던 친차 지역은 잉카제국의 '경제특구'에 준하는 특혜를 누렸다. 명실공히 잉카의 남서부 및 북방경제의 허브로 자리매김했다. 잉카제국 내에서의 그러한 우월적 지위를 웅변하듯 탐보 콜로라도는 압도적인 위용을 뽐내고 있다. 돌의 제국에 편입되었던 진흙 문명의 끈질긴 생명력을 증거하고 있다.

제5장

슈거노믹스
– 설탕으로 빚은 땅

설탕으로 빚은 섬

바다 위의 사탕수수밭, 바베이도스

신대륙 발견 & 사탕수수 재배지의 발견

햄버거에 조롱당한 음식천국 멕시코

여전히, 초콜릿은 쓰다

부패하는 화폐, 카카오 머니

옥수수 없이는 나라도 없다

설탕으로
빚은 섬

겉보기에는 달달해 보였을지언정,
깊이 뜯어보면 쿠바는 되레 그 자신이
설탕의 지배에 종속된 것이나 다름없었다.

1820년경부터 장장 170여 년간 쿠바는 세계 최대의 원당^{原糖} 수출국
이었다. 이렇게 말하면 혹자는 19~20세기 내내 '쿠바가 세계 설탕 시
장을 지배했구나'라고 지레 짐작할 수도 있겠다. 쿠바 혁명이 일어나
기 전의 '스위트 아바나^{Sweet Habana}'를 회억^{回憶}하거나 환지통^{幻肢痛}을 앓는
이들도 적지 않을 성싶다. 더러는 노래 중간에 "아수카르!^{설탕}", "아수
카르!"를 외치던 '살사의 여왕' 셀리아 크루스^{Celia "Azúcar" Cruz}를 떠올리
기도 할 것이다.

또 더러는 1800년에 이미 쿠바가 설탕과 노예의 섬이라는 사실을 '발
견'한 훔볼트를 연상하기도 할 것이다. 앞서 살펴보았듯이, 개중에는 물

론 야구장과 골프 코스, 영화관과 고아원, 교회와 학교, 최첨단 의료시설과 자가발전 설비, 사탕수수 노동자들과 그 가족들을 위한 최신식 주택단지, 그리고 이것으로도 모자라 총연장 대략 140㎞의 전용철도망과 전차Hershey Train까지 거느렸던 '허쉬 슈거 타운'을 떠올리는 이들도 없지는 않을 것이다.

하지만 안타깝게도 그 기간 동안 쿠바는 세계 설탕 시장은 고사하고 자국의 사탕수수밭도 '지배'하지 못했다. 제1차 세계대전 특수가 사실상 사라진 1926년부터는 그저 국내 설탕 생산량과 수출 쿼터를 '통제'하기에 급급했다. 외부변수에 취약한 설탕 가격을 진정시키고 수급 불균형을 다소나마 해소하기 위해 설탕 관련 이해당사국들의 양해와 협조를 이끌어내는 일에 늘 골몰했다. 급기야는 '원당 시세'에 일희일비하던 국내의 '사탕수수 권력'은 대미 '설탕 외교'에 사활을 걸었고 기술자들을 앞세워 철길을 따라 밀려든 미국 자본에게 '설탕 주권'까지 양도하다시피 했다. 카스트로의 말마따나 쿠바는 미국을 위한 원료공급 전진기지이자 상품시장으로 머물러 있었고, '캐러멜을 수입하기 위해 설탕을 수출'하는 형국이었다. 설탕을 수출해서 마체테^{사탕수수 수확용}^낫를 수입하는 처지였다. 세계 설탕을 지배하기는커녕 설탕에 철저하게 예속된 신세였다.

설탕이 쿠바를   노동력과 땅심과 경작지를 거의 독식하다시피
노예로 부렸다   했던 '이기적인 작물'인 사탕수수는 쿠바의 파행
을 주도했다. 성장 먹거리가 아니라 족쇄로 작용했고 파멸의 씨앗에 가까웠다. 이 '하얀 악마'는 1820년경부터 내내 저개발을 개발하고 빈곤과 (반)실업을 체계적으로 양산했다. 예컨대, 1958년에는 150만 명의 쿠바인을 완전실업 혹은 반실업 상태로 방치했다. 소수의 설탕 기업들과 (주로 뉴욕이나 아바나에 거주했던)대지주들에 의한 농지 독점과 강탈이 저임금 농업노동자들을 대량으로 배출한데다 사프라^{Zafra(사탕수수의 수확)}를 따라 몰려다니던 그들 대부분의 계약기간이 기껏해야 3~4개월에 불과한 탓이었다. 말하자면 설탕산업으

쿠바의 디바로 통했던 셀리아 크루스(1925 ~2003년). 하지만 그녀는 쿠바 혁명 직후 미국으로 망명함으로써 설탕 나라의 디바로 기억되기에는 왠지 씁쓸한 뒷맛을 남겼다.

로 노동력과 투자가 쏠림으로써 노동시장의 병목현상도 극심했다는 뜻이다. 이뿐만 아니라 쿠바의 설탕산업은 도시와 농촌 간 격차를 확대했고, 산업화와 경제 다각화 가능성을 원천적으로 저지했으며, 바로 그 설탕을 매개로혹은 미끼로 (신)식민지적 종속을 지속적으로 강화했다. 사탕수수 비지enclave들을 양산하면서 지역 갈등과 불균형을 초래했을 뿐만 아니라 그것을 볼모로 해서, 오히려 파행적인 성장을 담보했다. 미겔 바르넷Miguel Barnet의 말대로 설탕은 분명 쿠바를 하나로 잇고 통합시켰다"El azúcar unió a Cuba"고 할 수도 있겠지만, 정치적·경제적·인종적·지역적 분리와 배제를 강제하고 구조화시켰다고 볼 근거 또한 충분하다.

　겉보기에는 달달해 보였을지언정, 깊이 뜯어보면 쿠바는 되레 그 자신이 설탕의 지배에 종속된 것이나 진배없었다. 쿠바의 정치경제적 구조와 외교·통상·이민정책, 노동력 할당 및 임금 형성 메커니즘, 건설 경기 등의 상당 부분이 설탕 산업의 활황·불황 사이클Boom and Bust cycle의 노예였다. 생활 및 사고 방식과 인구 구성 및 수출입 구조를 규정하고 '수백만 달러의 춤판과 무시무시한 위기를 결정한' 것도 역시나 설탕 이었다. 말 그대로 쿠바에서는 설탕이 주인 행세를 했다. 안토니오 베니테스 로호Antonio Benitez-Rojo가 지적했듯이 1792년 이래 쿠바의 국가 정체성 담론과 권력 담론을 장기간 독점한 것도, 관료적 지배 기구로 전환해서 실질적으로 권력을 장악한 것도 다름 아닌 설탕과두제oligarquia azucarera였다.

카리브의
소돔과 고모라 권력을 독점한 설탕과두제는 쿠바에서 쿠바 위에 군림했다. 과테말라에서 유나이티드 프루트 컴퍼니와 결탁한 바나나과두제가 그랬듯이. 크리오요 중심의 이 설탕귀족주의는 부와 소득의 불평등을 키우고 노예(적) 노동과 인종차별을 옹호했다. 대놓고 독재자를 고용하거나 해고시켰고 실업률과 반半실업률의 고공행진을 사실상 주도했다. 쿠바를 〈대부 2〉와 〈더티 댄싱 2〉의 땅으로 만들었다. '카리브의 소돔과 고모라'로 만들었다. 호텔·카지노·카바레·나이트클럽·골프·경마·관광산업 등의 거래와 소유 및 운영에 직간접적으로 관여했던 마피아를 대놓고 후원

스페인 식민주의자들에 의해 절멸당한 쿠바의 원주인이었던 타이노(taíno)들이 담배(tabaco), 유카(yuca), 마라카스(maracas), 귀로(cuban güiro) 등과 함께 쿠바에 남겨놓은 초가집 형태의 전통 가옥이 보이오(bohío)다. 주로 흙과 나무, 나뭇가지와 사탕수수로 지은 오두막 형태다. 1950년대 말엽까지 쿠바 사회를 주조했던 설탕귀족정치('sacarocracia')는 사탕수수 노동자들을 포함한 전체 쿠바 농민의 68% 정도가 집이라기보다는 짚더미에 불과했던 이런 보이오(bohío)에 살게 만들었다. 허쉬 슈거 타운은 그저 예외에 불과했다.

했다. 술, 도박, 섹스, 마약, 밀수 등 미국에서 금지Prohibition된 모든 것들을 쿠바에서 레저처럼 서비스처럼 맘껏 누릴 수 있도록 각종 편의와 편법을 제공했다. 뿐만 아니라, 1929년에는 미국 자본 9억 달러가 아바나에 상륙하게끔 천혜의 투자환경을 조성했다. 13개의 미국계 설탕 기업이 전체 사탕수수 경작지의 50%에 육박하는 120만 헥타르를 독점하도록 용인했고, 사탕수수 경작가능 농지의 70%를 22개 기업이 독식하도록 방치했다. 또한 36개의 알짜배기 제당소전체 설탕 생산의 70% 담당의 소유를 단내 맡은 미국 자본에게 흔쾌히 내맡겼다. 게다가 1958년에는 농업 노동자의 50%가량대략 50만 명을 제당製糖 관련 업종에 (노예처럼) 묶어

두었고, 전체 수출액의 62%가량을 설탕에, 수출의 80%를 미국에 기형적으로 예속시켰다. 당연히 식료품과 공산품 및 각종 소비재를 포함한 전체 수입 물량의 75% 이상을 미국에, '슈거 달러'에 고스란히 의존하게 만들었다.

이렇게 사탕수수 단일작물 단일수출구조에 기생했던 슈거노믹스Sugarnomics는 10년간¹⁹⁴⁹~¹⁹⁵⁸년 무려 10억 달러 상당의 대미 무역적자를 파생시켰다. 아바나판 미국 국회의사당Capitol인 카피톨리오El Capitolio 건설 공사에 당시로선 천문학적 액수인 2,000만 달러를 쏟아 부어 재정파탄을 야기했다. 허쉬 슈거 타운의 일정한 성과에도 불구하고, '인간의 눈이 목격한 가장 아름다운 땅'이었던 쿠바는 설탕 때문에 가장 비리하고 부패한 섬으로 전락했다. 유토피아를 플랜테이션이 삼켜버린 결과였다. 설탕이 대체 뭐길래.

설탕은
소태다

참담했다. 설탕의, 설탕에 의한, 설탕을 위한 정부와 정책의 결과는 재앙에 가까웠다. 식민지 혹은 식민지적 상황은 지속되었고, 균형적이고 안정적인 경제 성장은 원천적으로 봉쇄당했다. 설탕산업의 태생적인 외부 의존성은 정치와 경제 전반을 멍들게 했다. 역사적으로 볼 때, 서아프리카로부터의 지속적인 노예 수입과 1762년 영국에 의한 아바나 점령, 그리고 1791년 아이티 사탕수수 노동자들의 검은 혁명과 스페인으로부터의 노동 이민 유입 이후, 이러한 경향은 시작되고 본격화되었다. 그 결과 쿠바는 자본주의 국제 분업 구조에서 '탁월한 제당공장'이었고, 그 사회는 만성적인 당뇨 합병증을 앓았다. 이유는 간명했다. 설탕이 쿠바의 단물을 쏙 빼먹었기 때문이다. 이를테면 16세기 초반부터 사탕수수 재배를 시작한 이후 줄곧 쿠바(의 마체테)는 제 발등을 찍은 셈이다. 예컨대 미군정 시기[1899~1902년]에 법제화된 미국의 투자, 무역 및 경제 정책들과 토지개혁에 의해 확립된 쿠바의 사탕수수 모노컬처는 주권, 지력地力, 목초지, 생태, 담배밭, 커피농사, 목축업을 거의 궤멸시켰다. 생계 농업과 소농 경제의 기반을 허물었고, 주물공장과 산업생산 및 농업생산의 다각화 가능성을 크게 위축시켰다. 16세기 이래 목재 이용 및 산림자원의 증식·보호·육성을 둘러싸고 사탕수수 플랜테이션 산업과 갈등 관계를 형성했던 조선업의 쇠퇴를 촉진시켰다. 한마디로 쓰디쓴 종속과 '저개발의 기억'을 낳았다.

설탕에 의한   특히나 설탕산업에 의해 자행된 산림山林 훼손은
산림 소탕   거의 재앙에 가까웠다. 어쩌면 설탕을 위한 산림 소
    탕이라고 하는 것이 더 적절한 표현일지도 모른다.
1492년에는 쿠바의 산림피복율[Forest Cover]이 70~80%에 달했을 정도였다. 그래서 바르톨로메 데 라스 카사스 신부는 무려 "300 레구아를 걸어도 여전히 나무 아래"[1레구아는 대략 5.6㎞]라며 그 놀라움을 자신의 연대기

에 기록하기까지 했다. 그러나 배船, 철도사탕수수와 설탕을 운반하던 철도 자체도 침목과 연료로 엄청난 나무를 먹어치웠다, 목재 수출, 그리고 특히나 사탕수수가 삼림을 지속적으로 삼켜버린 결과 1959년에는 산림피복율이 고작 13.4% 남짓했다. 펠리페 2세가 1578~1588년 사이에 주고받은 편지들[37]에서 에스코리알 궁전 건립에 사용될 쿠바산 흑단ebony, 마호가니, 다가메, 케브라쵸, 아카나ácana 나무 등을 빈번하게 거론할 정도로 쿠바는 탐나는 산림자원을 보유했었다. 그러나 설탕산업이 한창 활황이었을 당시 쿠바는 이미 '슈거 달러'로 미국산 목재를 구입해야 하는 산림빈국으로 전락한 상태였다. 특히나 특혜와 편법에 가까운 각종 조치들이 취해진 미군정 이후, 설탕에 눈독을 들인 미국 기업들에 의해 자행된 쿠바의 중부와 동부Oriente 지방에서의 급속하고도 지속적인 산림 파괴는, 어느 비평가도 지적했듯이, 그야말로 '생태 제국주의American Ecological Imperialism'[38]의 실례였다. 미국이 19~20세기에 걸쳐 산림 및 생태계 붕괴를 동반하는 커피콜롬비아와 브라질, 바나나카리브해와 중미, 쇠고기멕시코와 아르헨티나, 천연고무브라질과 동남아시아, 목재산업과 더불어 설탕에 탐닉함으로써 쿠바와 쿠바의 산림자원은 수탈과 침탈로부터 자유롭지 못했다.

좀 맵게 말하자면, 1600년경에 처음으로 소량의 설탕을 주변 지역으로 수출하기 시작해서 총생산량의 대략 80%를 미국에 독점 판매한

---

37) Bartolomé de las Casas(1875-76), 『Historia de las Indias, vol. 4』, Madrid: Ginesta, p. 73.
38) Cited in Reinaldo Funes Monzote(2008), 『From Rainforest to Cane Field in Cuba』, translated by Alex Martin, The University of North Carolina Press, p. 19.

1877년 이래 미국에게 쿠바는 사탕수수로 빚은 럼주州이자 우량 설탕 주州 구실을 했다. '하나의 광대한 바테이un inmenso batey'에 불과했다. 미 해병대와 '달콤한 자금plata dulce'들이 제집 드나들다시피 했던 하와이, 괌, 푸에르토리코, 도미니카공화국, 아이티, 미군정 하의 네그로스 섬을 비롯한 필리핀의 일부 지역과 더불어 쿠바는 '미국의 설탕 왕국American Sugar Kingdom'에 복속된 가장 큰 '슈거 아일랜드'에 지나지 않았다. 미국 주도의 자본주의 분업구조에서 쿠바는 '원당'에 의해 그 지위를 '할당'받았다고 해도 과언이 아니었다. '설탕이 있는 곳에 노예가 있다'지만, 쿠바의 경우는 한 술 더 떠서 설탕이 아예 쿠바를 노예로 부렸다esclavizar a Cuba.

카를로스 푸에블라Carlos Puebla의 노래처럼 바로 "그때 피델이 왔다Y en eso llegó Fidel". 니콜라스 기옌Nicolás Guillén이 그의 시詩 〈땀과 채찍〉에서 노래했듯이 혼비백산한 "사탕수수밭은 떨면서 그에게 길을 내주었다".

설탕을 먹고 자란 혁명

그러나 쿠바 혁명 또한 '도냐 아수카르설탕부인'의 달콤한 유혹으로부터 자유롭지 못했다. 일찍이 호세 마르티José Martí가 설탕에 지나치게 편중된 쿠바 농업의 개혁을 부르짖었고, 1960년에 쿠바를 방문한 사르트르도 "설탕 위에 건물을 세우는 것이 과연 모래 위에 세우는 것보다 나을까", 라며 의구심을 드러냈지만, 쿠바 혁명조차도 설탕산업으로의 쏠림과 투자 집중을 시정하지 못했다. 1959년 이후 혁명 정부는 설탕과 마체테를 혁명의 실탄이자 '지렛대'로 여겼다. 유휴지를 최대한 없애고 사탕수수 재배 경작지와 제당소의 주권을 회복하는 등 설탕산업의 새로운 생태계 조성을 위한 대대적인 개혁을 단행했다. 이런 과정을 통해 사회주의적 노동 시스템을 도입한 사탕수수 미니플랜테이션은 혁명의 물적 기반을 조성하고 인적 인프라를 구축하는 작업을 선도했다. 혁명Revolution적 플랜Plan, 곧 의욕적인 경제 계획Planification의 상당 부분이 '플랜테이션Plantation'에서 입안되었다고 해도 과언이 아니었다. 물론 이 말은 안토니오 베니테스 로호의 표현처럼 쿠바 사회가 '플랜테이션에서 플랜테이션으로' 변화 없이 이행했다는 뜻은 아니다. 그가 『되풀이하는 섬La isla que se repite』에서 반복해서 주장하듯이 쿠바 혁명 자체를 '플랜테이션의 연장'으로 싸잡아 몰아갈 필요는 없다.

여전히 설탕산업에 투자와 인력이 집중되긴 했으나, 설탕의 족쇄를 끊어내진 못했으나 새로운 시스템 하의 사탕수수 농장에서 시커먼 땀으로 일궈낸 혁명의 과실果實은 결코 적지 않았다. 무상교육, 보건의료 시스템, 도로 및 교통, 기계류와 공업설비 도입, 주택, 식량과 생필품, 식수, 댐, 전력, 전화 및 통신, 비료와 시멘트, 기술개발과 연구 작업, 보편적 의료복지와 사회안전망 구축, 다양한 문화기구 설립 등에 이 '슈거 달러'는 어김없이 녹아들었다. 에두아르도 갈레아노의 지적처럼 설탕은 이제 더 이상 '굴종의 구조를 강화시키는' 요소나 '저개발의 요인'이 아닌 듯도 했다. '개발의 도구'이자 자부심과 평등한 자유를 생산할

성장 동력처럼 보였다. 그러나 과연 그랬을까. 아니, 그렇기만 했을까.

아니었다. 1989년과 1990년 동구권과 소련의 잇단 파산 선고는 쿠바의 '설탕의 장막El telón de azúcar'을 일거에 걷어냈다. 냉전의 철의 장막과 동시에 설탕의 장막이 벗겨지자 쿠바 경제는 마비되었다. 공장과 트랙터와 차들은 줄줄이 멈춰 섰고, 사람들 또한 길게 줄을 섰다. 화학비료와 농약 및 가축 사료의 공급은 급감했고, 석유 공급과 식량 수입도 반토막 났다. 생필품 역시나 1991년에 거의 바닥났다. 1990년에서 1993년 사이 수입은 70% 이상, 수출은 무려 80% 감소했다. 전체 수출의 70%를 웃돌던1989년 기준으로 73.2% 설탕의 수출길이 막히자 난파 직전의 위기에 내몰렸다. '평화 시대의 특수한 시기'가 도래한 것이다.

설탕(만)을 먹고 자란 쿠바 혁명은 심각한 영양 불균형, 영양부족에 허덕였다. 설탕 과잉이 숱한 결핍을 초래한 것이다. 그래서 1990년대의 쿠바 경제위기는 설탕이 비록 훌륭한 에너지 공급원이기는 했지만, 미국의 경제봉쇄가 강제한 탓도 실로 컸지만, 원조 경제체제의 지불수단이자 지불보증이었고 사회주의 우호가격Socialist Friendly Price의 최대 수혜 품목이었다는 사실을 새삼 확인시켜 주었다. 40%를 밑도는 저조한 식량 자급률, 치명적인 대외 의존적 경제 구조, 지속 가능하지 못한 허약한 경제 체질의 '역군'이었음을 주지시켰다. 또한 엄청난 비료와 농약과 연료를 소비하는 것이 '하얀 석유', 곧 설탕임을 뼈저리게 자각시켰다. '도냐 아수카르'는 여왕reina에서 파멸ruina의 상징으로 격하되었다.

쿠바의 설탕산업
다이어트

어찌되었든 쿠바는 '특수한 시기'를 보냈다. 또다시 살아남기에 성공했다. 그러나 1993년을 기점으로 쿠바의 설탕산업은 사양길로 접어들었다. 1993년에서 1999년 사이의 평균 사탕수수 수확량은 대략 400만 톤으로 1991년의 60% 남짓했다. 2002~2004년에 걸쳐서 쿠바의 사탕수수 재배 경작지는 2백만 헥타르에서 75만 헥타르로 격감했다. 기존의 사탕수수 경작지의 60%에 해당하는 농지를 대체작물 재배사업에 할애했다. 쿠바 정부는 2002년에는 156개^{대략 40만 명을 고용}의 제당소 중에서 71군데^{재취업교육 대상자 포함 대략 12만 명의 이직자 초래}를 폐쇄 조치했으며, 2010년까지 꾸준히 설탕산업 구조조정을 단행, 가동하는 제당소의 숫자를 40개 남짓으로 대폭 축소했다. 1975년에 총 수출액의 89.6%를 점유했던 설탕 및 설탕 관련 제품의 수출 비중도 2011년에는 6.4%로 격감했다. 중국에 해마다 40만 톤의 설탕을 수출하긴 하지만, 2016~2017년에는 1993~1999년 사이의 평균 사탕수수 수확량의 절반에 불과한 190만 톤을 생산하는데 그쳤다. 2018~2019년에는 쿠바 혁명 바로 직전 해인 1958년의 $\frac{1}{4}$에 해당하는 130만 톤의 사탕수수를 수확했다. 장비의 노후화, 국제 설탕 가격의 변동, 허리케인 등 기후적 악조건^{2008년에 쿠바를 연타한 3개의 대형 허리케인으로 인한 전체 피해액은 100억 달러로 추정}, 설탕산업 관련 국영 기업들의 비효율성, 1990년대부터 단행된 쿠바 경제의 체질 개선, 미국의 금수조치 등이 복합적으로 작용해 쿠바의 설탕산업은 대대적인 다이어트에 돌입했다.

로스 반반Los Van Van 그룹의 명칭조차도 쿠바 혁명 정부의 1971년 설탕 1,000만 톤 수확 캠페인Los diez millones de toneladas de azúcar van! y van! 구호에서 유래되었을 정도로 설탕은 혁명 이후에도 쿠바의 주력 상품이자 소울 푸드Soul Food였다. 허나, "설탕 없이는 나라도 없다sin azúcar no hay país"던 구호는 이제 흘러간 옛 노래가 되었다. 이제 쿠바 경제는 이 '하얀 석유' 없이 달콤해지는 길을 걷고 있다.

전반적으로 경제적 여력이 크지 않은 데다 의료와 보건복지, 농산물 생산량 증대 및 축산업 경쟁력 강화 등에 예산이 편중된 관계로 대체 산업 발굴과 투자는 미흡한 상태다. 관광 및 니켈과 석유 개발 사업을 제외하면 친환경·저탄소·에너지신산업이나 국제적으로 우수성을 인정받고 있는 첨단 바이오의약품 등이 신성장 동력 산업으로 거론되고 있다. 하지만 R&D 투자와 인프라 구축, 인재확보 등의 측면에서 보면 아직 갈 길이 멀다.

언제나 그렇듯이 쿠바에 대해서는 말이 많다. 베네수엘라의 '검은 금'이 없으면, '니켈이 없으면', '중국이 없으면', '달러 송금이 없으면', '관광이 없으면 나라도 없다sin turismo no hay país'고 야단들이다. 1959년 이래 쿠바는 늘 위기였다. 위기를 먹고 자라는 쿠바. 지켜볼 일이다.

바다 위의 사탕수수밭,
바베이도스

이런 표현이 가능하다면, 럼이 먼저 와서 사탕수수밭을
기웃댔다고 할 정도였다. 럼 없이 그렇게 럼 문화는
미리 숙성되었던 셈이다.

바베이도스 하면 완두콩과 자몽이 가장 먼저 뇌리를 스친다. 섬의 외형이 완두콩을 닮아서다. 단맛의 자메이카산 오렌지와 신맛의 동남아산 포멜로의 교배종인 자몽Grapefruit이 17세기에 이곳 바베이도스에서 최초로 재배되었기에 그러하다. 바베이도스는 세계적인 팝스타 리한나Rihanna의 조국이자 골프 황제 타이거 우즈가 비공개로 호화 결혼식을 치렀던 곳이다. 어쩌면 바베이도스와 관련된 일들 중에서 이 두 사실이 가장 널리 알려진 것이 아닐까 싶다. 그만큼 낯설다. 국명도 생경하고 우리에게 소개된 것도 거의 없다시피 하다. 가깝지도 않다. 지구 반대편 저 멀리 카리브해의 소앤틸리스 제도 그 동쪽 언저리에 위치해 있는데다 우리와는 딱히 교류랄 것도 없는 영연방의 일원이다.

면적도 제주도의 $\frac{1}{4}$ 남짓 하고 인구 또한 대략 30만 명 내외에 불과한 산호질 석회암 단일섬이다.

그래도 아시아 바깥에서는 그나마 낫다. 그들에게는 생판 낯선 땅은 아니다. 설탕을 추출하고 남은 부산물^{당밀}이나 사탕수수 즙을 발효·증류한 술인 럼^{Rum} 애호가들에게는 각별한 땅이다. 1637년경부터 브라질과 함께 럼[39]을 가장 먼저 제조한 곳이기도 하거니와 세계에서 가장 오래된 럼 브랜드인 마운트게이^{Mount Gay}의 탄생지로 유명하다.

---

39) 그 당시에 바베이도스에서는 럼을 'kill-devil'이라 불렀다.

세상에서 가장 오래된 럼 브랜드 마운트게이. 카리브
의 태양에 데워지고 해풍에 식혀지기를 반복, 산호초
를 닮은 듯 다양한 색깔과 향과 맛을 뽐낸다.

　브리지타운Bridgetown에서 1.8km 떨어진 곳에 위치한 마운트게이 증류공
장에서 1703년부터 300년 넘게 생산을 이어오고 있다. 그래서일까. 독
특한 열대 과일향이 뜨겁게 목젖을 달구는 마운트게이 럼을 일컬어 '럼
을 만든 럼'이라 하고, 바베이도스를 럼의 요람으로 간주한다. 백인 정
착민이 2,000명쯤에 불과할 당시에 이미 브리지타운은 해적을 위시한
뜨내기 뱃사람들과 무려 100개가 넘는 선술집들로 들썩거렸다고 하니,
럼이 탄생할 분위기는 일찍부터 무르익었던 모양이다. 이런 표현이 가
능하다면, 럼이 먼저 와서 사탕수수밭을 기웃댔다고 할 정도였다. 럼 없
이 그렇게 럼 문화는 미리 숙성되었던 셈이다.
　'물을 닮은 불'럼의 섬 바베이도스는 최근에는 비록 소국이기에 가능
할 일이겠지만, 흑인이 잘 사는 지구상의 유일한 나라로 손꼽히고 있
다. 카리브해의 섬들이 대개 그렇듯이 매혹적인 사계절 크루즈 관광지

로 입소문을 타고 있다. 섬이 풀어놓은 에메랄드빛 하늘과 바다는 동나지 않는 석유 같은 것. 유럽과 북미 등지에 적잖은 여행 마니아층을 두고 있다. 90m 두께로 섬을 에워싸고 있는 '바다의 열대우림' 산호초는 천연 방파제 구실을 한다. 풍요로운 해안생태계를 거느린 이 옥색 보석 또한 천혜의 관광자원이다. 문해율 99%에 부패지수도 상당히 낮고, 여타의 라틴아메리카 지역과는 달리 치안상황도 안정적이며, 카리브해의 작은 영국[40]이라는 별칭까지 얻었다. 조립·가공 무역^{마킬라도라}과 관광업 및 금융 서비스 산업이 나름 탄탄하고 특히나 캐나다가 직접투자를 확대하는 추세이긴 하지만, 국제사회에서나 라틴아메리카에서의 존재감은 미미하다.

하지만 예전에는 사뭇 딴판이었다. 15세기 중반에서 17세기 중반까지의 소위 대항해시대^{大航海時代}에는 '가장 핫한 스폿'이었다. 지금이야 윈드서핑 마니아들이나 바람 쐬러 찾는 곳이지만 대항해시대에는 무역풍^{Trade Wind}과 편서풍을 등에 업은 대서양 횡단 무역 및 항해의 중심지였다. 특히나 17세기부터는 영국의 '약탈 산업'과 '인신매매 경제'의 허브로 통했다. 카리브를 포함한 영국령 아메리카 식민지의 실험실 혹

---

40) 1966년부터 영연방에 속하는 독립국인 바베이도스는 최근 입헌군주제에서 공화국으로의 전환 로드맵을 제시했다. 독립 55주년인 2021년에 카리브해의 가이아나(1970), 트리니다드토바고(1976), 도미니카(1978)의 선례를 따라 영국 여왕에게 부여했던 국가원수직을 박탈할 것이라고 선언했다. 바베이도스의 식민지 역사 청산 행보가 영연방 탈퇴로까지 이어질지 명분 챙기기로 그칠지는 좀 더 지켜볼 일이다.

은 모델 대접을 받았다. 노예무역의 중심항구이거나 담배, 면화, 설탕과 같은 열대산품의 집결지였던 영국의 런던, 리버풀, 글래스고, 브리스톨 등지로 막대한 부를 실어 날랐다. 교역 거점임과 동시에 자메이카와 더불어 영국 사략해적^{해적+무역}의 본진이었다. 인류 역사상 가장 파렴치한 범죄였던 노예삼각무역의 한 축이었고, 설탕 무역 주도권을 둘러싼 네덜란드와 영국의 각축장이었다. 설탕전쟁이라 할 수 있을 제1차 영국-네덜란드 전쟁의 발화점도 바로 이곳이었다. 대서양 무역독점과 해상패권을 지향하던 영국에게 바베이도스는 영국인이 가장 많이 거주하고, 세계에서 인구밀도가 가장 높은 지역 중의 하나였다. 실제로 런던 정도를 제외하면 영어권 지역 중에서는 인구밀도가 가장 높았다. 식민지 초기 단계이던 1650년 기준으로 버지니아의 인구 규모가 1만 2,000명, 뉴잉글랜드가 2만3,000명 내외에 불과할 때 이미 바베이도스에는 4만4,000명이나 거주했다. 그렇게 장장 100년 여간 영국의 가장 부유한 해외 식민지로 영욕의 세월을 보냈다.

그 당시 영국의 확장 정책의 교두보 구실을 했던 바베이도스는 대서양 식민지 무역과 곧 도래할 산업혁명 사이의 밀월관계를 뒷받침하던 핵심 중계항이었다. '자본주의와 노예제도의 태생적 내연관계'^{에릭 윌리엄스}를 가장 적나라하게 보여주던 노예·설탕 무역의 전초기지였다. 유럽의 변방이었던 작은 섬나라 영국이 해상강국으로 도약하는 발판이자 '캐시카우' 역할을 떠안았다. 영국 정부의 비호 하에 바베이도스의 연근해를 제집처럼 드나들던 해적선, 노예선, 설탕 운반선이 영국의 초기

자본 축적을 견인한 트로이카였던 셈이다. 다시 말해, 해적은 대영제국의 첨병 구실을 했고, 설탕은 산업혁명의 시드머니^{종자돈}로 사용되었다. 그리고 노예무역으로 긁어모은 뭉텅이 돈은 바클레이^{은행}, 로이드^{보험}, 그린 킹^{주점 체인} 등의 몸집을 키웠을 뿐만 아니라 도로·항만·공장·운하·철도 등과 같은 산업혁명의 인프라 구축작업에도 녹아들었다. 귀족이나 지주의 자리를 대체하던 신흥부유층의 등장을 견인했다.

돌섬이
대영제국의 디딤돌로

그래서 이렇게 말 할 수도 있겠다. 바베이도스라는 카리브의 조그마한 바위(섬) 하나가 대영제국의 초석을 다졌다고. 15~16세기와는 질적으로 전혀 다른 '새로운 영국^{New England}'의 기틀을 마련한 셈이라고. 설탕 대량생산 체제를 위해 카리브에 건설한 바베이도스라는 식민지 '흑인 노예 사회'가 당대 영국의 최대 히트상품이었다고.

그리고 '작은 영국'이라는 바베이도스의 별칭은 폭력적으로 만들어진 '작은 아프리카'였기에 가능했던 것이다. 노예무역과 사탕수수 플랜테이션 사업의 악마적 결합이 남긴 낙인에 가깝다. 전체 인구의 90%에 달하는 아프리카 흑인노예 후손들의 등에 새겨진 채찍 자국과도 같다.

'작은 영국', 상처뿐인 영광이다.

신대륙 발견 &
사탕수수 재배지의 발견

17세기에 바베이도스는 사실상 영국령 아메리카 식민지들의
비공식 수도 역할을 했다. 카리브의 달달한 런던이었다.
설탕 때문에 가장 집중적으로 수탈당했다는 얘기다.

카리브해는 17세기에 접어들면서는 설탕 붐으로 다시 한 번 더 몸살을 앓았다. 스페인의 지배력 약화를 틈타서 영국을 필두로 프랑스 네덜란드 등이 앞다투어 설탕바다^{카리브해}로 뛰어들었다. 앞서 언급했듯이, 때로는 해적을 앞세워 크고 작은 카리브의 섬들을 조개 줍듯 쓸어 담았다.

이후 면화, 담배, 카카오, 커피가 그랬듯이 설탕 플랜터들이 산림을 소탕하고 토지를 집중 매입했다. 식민 통치 권력과 연줄이 닿거나 돈푼깨나 있는 유럽 백인들이 사탕수수 플랜테이션 사업에 대거 몰려들었다. 스페인과 달리 지하 광물자원의 수탈이 용이하지 않았던 후발 서구 열강들에게 사탕수수 경작은 안정적인 투자처였다. 설탕 수요는 계속

팽창했고 광산업이나 노예무역만큼이나 수익도 쏠쏠했다. 설탕 1.5㎏이 송아지 한 마리 가격과 맞먹을 정도였다. 스페인으로부터 돈이 되는 작물의 옥토를 취득한 유럽 열강들은 대농장주-노예무역상-선주로 이어지는 설탕 카르텔을 구축했다. 그에 따라 카리브의 서구 식민지들은 순식간에 사탕수수 단일작물 수출항으로 탈바꿈했다. '설탕귀족주의sacarocracia'가 득세하는 착취형 식민지 플랜테이션 사회로 변모했다. 이전의 카나리아 제도Islas Canarias, 마데이라Madeira, 상투메São Tomé, 카보베르데Cabo Verde, 시칠리아 등지에서의 사탕수수 플랜테이션과 비할 수 없을 정도로 규모가 커졌다. '신대륙 발견'이 곧 '사탕수수 재배지의 발견'으로 등치되는 분위기였다.

 '신대륙 정복'이 '아프리카 정복'으로 여겨질 정도로 서아프리카에서 사냥한 흑인노예들로 카리브의 사탕수수밭은 줄기차게 채워졌다. 살인적인 노동 강도 탓에 사탕수수 노예노동자들의 사망률이 치솟았지만, 공짜나 다름없던 '신선한' 흑인노예들로 손쉽게 충원됐다. 금융업과 보험업을 등에 업고 폭리를 챙기던 대서양 노예무역은 1640~1650년대를 기점으로 사탕수수 붐이 일자 순풍에 돛 단 듯 불황을 모르는 장기호황을 누렸다. 그렇게 설탕은 카리브를 '죽음에 이르는 번영'으로 내몰았고, 아프리카의 성장 동력을 잔인하게 해외로 반출했다. 대규모 농장경영은 카리브를 원주민이 거의 없는 '작은 아프리카'로 만들었고, 아프리카를 피로 물들이며 아프리카의 저발전과 파행의 역사를 디자인했다.

네덜란드가 주도한 노예무역과 설탕산업 1621~1648년까지 사략무역의 패권을 틀어쥐고 바다를 호령하던 나라는 바다가 생계수단이었던 네덜란드였다. 네덜란드는 17세기 중엽에 향신료 산지인 몰루카 제도[1605]를 비롯한 동남아시아의 대부분의 섬들을 장악했다. 이를 발판으로 베네치아에 이어 정향을 비롯한 향신료무역을 독점했다. 세계 최초의 '주식회사'였던 네덜란드의 동인도회사는 인도양을 접수하고 실론지역을 개척, 무굴제국과도 교역차와 향신료의 물꼬를 텄다. 뿐만 아니라, 인건비와 수송비 절감 효과가 컸던 지금의 컨테이너선에 해당하는 플류트선Fluitschip을 건조해서 곡물과 목재 등의 비사치품 해상 운송도 이 튤립의 나라가 선점했다.

대서양 갤리언 무역의 패권도 별반 다르지 않았다. 마드리드에서 모욕적인 포로생활을 했던 프랑수아 1세[1515~1547 재위]와 앙리 2세[1547~1559 재위] 시절에 맹위를 떨치던 위그노 주축의 프랑스 사략세력의 기세는 한풀 꺾이고 네덜란드가 카리브 해역의 주도권을 틀어쥐었다. 1621년에 설립된 네덜란드의 서인도회사는 신의를 토대로 무역에만 주력했던 동인도회사와는 달리 막강한 해상 전력을 보유한 사략해적선단을 '계열사' 혹은 '하청업체' 형태로 거느렸다. 해상 무역과 동시에 약탈사업도 병행했다. 특히나 해적 출신의 해군 제독이자 네덜란드의 독립 영웅인 피트 헤인Piet Hein이 종횡무진 누비고 다녔다.

그의 활약은 거의 전설에 가까웠다. 4년간 스페인 갤리선의 노예였던 그의 신출귀몰 '해적' 행각으로 스페인과 포르투갈은 막대한 피해를 입었고 자존심을 구겼다. 피트 헤인이 이끌던 서인도회사 계열의 사략선들은 브라질산 설탕을 가득 실은 포르투갈 선박 30척을 탈취하는가 하면, 1628년에는 멕시코 광산에서 채굴한 금과 은을 유럽으로 수송하던 스페인의 보물선단 16척[41]을 쿠바의 마탄사스 근해에서 통째로 나포하

---

41) 피트 헤인의 이 보물선단 나포는 1579년에 프란시스 드레이크가 스페인 선박 카카푸에고(Cacafuego)를 약탈했던 것에 버금가는 개가였다. 드레이크가 탈취했던 카카푸에고에 선적된 은괴 26톤과 금괴, 진주 등은 그 당시 잉글랜드 1년 세입의 거의 2배에 달하는 값어치였다.

는 기염을 토했다. 이 노다지 노획물을 통해 천문학적인 규모의 '독립자금'을 조성했다. 일종의 사략 크라우드 펀딩Crowd Funding에 참여한 투자자들에게 막대한 이익배당금도 안겨줬다. 이렇게 '해적왕' 피트 헤인Piet Hein이 서인도회사를 이끌던 당시 네덜란드는 바다와 국제무역과 해적 사업을 주도했다.

프로테스탄트 상인이 주름잡던 암스테르담은 스페인 수중으로 떨어진 벨기에의 안트워프Antwerp을 대체하며 유럽의 상업자본과 금융자본의 새로운 중심지로 부상했다. 세계 최대의 물류 창고이자 설탕 집적항으로 자리매김했다. 네덜란드가 노예무역의 주도권을 발판으로 설탕무역을 지배했고 설탕산업의 가장 큰 손으로 군림했다는 얘기다.

대농장주 16세기의 포르투갈령 브라질 북동부를 거쳐
지배 체제Plantocracy 17세기에 영국령이나 프랑스령1635년에 점령한 마르티니크와 과들루프의 카리브해 섬들이 사탕수수밭으로 변모하는 데도 거간 노릇을 한 네덜란드 상인들의 역할이 지대했다. 1624~1654년까지 브라질 북동부의 바이아Bahia, 레시피Recife, 페르남부코Pernambuco 지역에 사탕수수 식민지를 개척하고 설탕 대량생산 체제를 구축, 브라질의 설탕산업을 주도하던 네덜란드의 서인도회사 소속 상인들은 현지인들의 반란이라는 암초를 만났다.

막대한 투자손실을 떠안은 채 1654년에 결국 포르투갈에 의해 브라질에서 추방당하는 수모를 겪었다. 그렇다고 해서 라틴아메리카의 식민지 농업경제 가운데 가장 이윤이 많이 남는 설탕산업에서 손을 완전히 뗄 수는 없는 노릇. 더치 브라질을 잃은 이들 서인도회사 소속 상인들은 카리브에서 반전의 발판을 마련하고자 했다. 특히 바베이도스에 일찍부터 눈독을 들이고 있었다. 브라질의 레시피^{Recife}로부터도 지리적으로 가장 가깝고, 비옥한 적색토와 흑색토도 구비했고, 카리브해의 가장 동쪽에 위치하고 있어서 외부의 침략으로부터도 상대적으로 안전하다고 판단했기 때문이었다.

새로운 투자처를 발견한 네덜란드의 설탕업자들은 바베이도스에 정착한 세파르디^{Sephardic} 유대인을 비롯한 백인 토지소유자들에게 사탕수수 플랜테이션 사업에 필요한 제반 설비와 기술을 지원했다. 축적된 설탕산업 관련 노하우와 탄탄한 해상 수송망을 밑천으로 설탕 관련 이권을 선점했다. 그 결과 17세기 중엽이 되면 바베이도스는 사탕수수에 의해 점령되다시피 했다. 북아메리카와의 가격경쟁에서도 밀리고 공급과잉까지 겹쳐 수지타산이 맞지 않았던 담배를 대체하며 설탕이 섬의 주력 수출상품 자리를 꿰찼다. 유럽 자본에 의해 디자인된 세계 설탕·럼 생산 공급망에 섬이 통째로 편입된 셈이다. 시드니 민츠의 표현대로 '16세기는 설탕에 관한 한 브라질의 시대였다'. 하지만, 17세기는 설탕과 럼에 관한 한 바베이도스의 시대였다.

1620년대가 되어서야 영국인들이 본격적으로 바베이도스에 정착하기 시작했고, 1640년에 처음으로 사탕수수를 상업적으로 재배했으니, 그렇게 되는데 고작 30~40년이 필요했을 따름이었다. 유럽 시장과의 지리적 근접성, 상대적으로 앞선 시설과 기술, 1655년의 영국의 자메이카 침략, 지력 강탈적 식민 농업[42]으로부터 벗어나 있던 비옥한 토지 등이 설탕 붐에 한몫 톡톡히 기여했다. 멕시코 만류와 편서풍을 이용해서 스페인으로 돌아가는 배들의 출발지였던 쿠바를 제외한 나머지 카리브의 섬들이 스페인의 전략적·경제적 차원의 핵심 고려 대상에서 벗어나 있었던 탓도 컸다. 동남아시아의 플랜테이션에 비해 가성비가 높았던 것도 주효했다. 이런 여러 복합적인 요인들과 더불어 영국이 항해 조례를 제정하고 네덜란드와의 전쟁[1652~1654 & 1665~1667]에서도 승리함으로써 바베이도스는 마침내 영국 주도의 대서양 노예무역의 중요 기착지이자 설탕 무역의 중심축으로 등극했다.

바베이도스산 설탕은 네덜란드가 아니라 영국 국적의 선박들에 의해서만 유럽으로 운송되었고, 네덜란드는 해상 지배권을 영국에 이양하고 바베이도스와 뉴암스테르담에서 손을 뗐다. 바베이도스에서 퇴각한 네덜란드의 설탕 자본은 가이아나[지금의 수리남] 지역으로 유턴했다. 바베이도스를 완전히 영국에게 내준 네덜란드는 가이아나와 아시아의 향료를 전리품으로 챙기는 대신 25만 파운드를 받고 뉴암스테르담[뉴욕]을 영국에게 넘긴 것이다. 바베이도스와 설탕에 눈이 멀어 대서양과 태평양이 합류하는 세계의 심장부에 '알박기'를 할 수 있는 절호의 기회를 스스로 걷어 차버린 셈이었다.

가장 체계적인
흑인 노예 사회

요약하면, 제1차 영국-네덜란드 전쟁 이후 바베이도스는 영국을 비롯한 유럽과 뉴잉글랜드의 설탕 공급기지로 확고히 자리매김했다. 아프리카 흑인노예를 중계하는 노예 보급기지임과 동시에 흑인노예 최대 수요처가 되었다. 한마디로 폭리를 취하던 영국의 설탕·럼·노예 루트의 핵심 연결 고리였다. 영국은 엘리자베스 여왕의 이가 모두 썩을 정도로 이미 설탕에 탐닉했고, 사탕수수Sugar Cane의 바다였던 바베이도스는 특권층의 사치품이었던Noble Cane 설탕 소비의 민주주의를 주도하며 영국에게 막대한 이익을 안겨줬다. 연간 설탕 생산량도 1655년에서 1700년 사이에 7,000t에서 1만2,000t으로 증가했다. 18세기 초반 프랑스의 우량 설탕 섬이었던 과들루프대략 바베이도스 면적의 4배와 마르티니크바베이도스 면적의 대략 3배의 연간 설탕 생산량 합계가 1만t이었던 것을 감안하면, 영국에게 바베이도스는 작지만 알찬 그야말로 알짜배기 설탕 식민지였다. 자메이카와 아이티[43]보다도 훨씬 먼저 글로벌 설탕 생산 리더 자리를 꿰찼다. 설탕이 바베이도스 수출상품의 93%를 차지하기도 했다.

1660년대에는 바베이도스의 무역량이 영국의 나머지 전체 식민지의 무역량을 훌쩍 뛰어넘을 정도로 독점적 지위를 누렸다. 1713년이 되

---

42) 사탕수수가 섬을 잠식하기 전에 바베이도스에서는 면화, 오렌지, 담배, 가축 등을 소규모로나마 다채롭게 재배하고 수출했다.

43) 프랑스의 식민지였던 아이티는 '18세기의 바베이도스'였다. 1780년대에 유럽에서 소비되던 커피의 50%, 설탕의 40%를 독점 생산했다.

어서야 비로소 '제2의 바베이도스'로 불렸던 자메이카가 그 자리를 대신할 수 있었다. 그때까지, 그리고 그 후로도 한참 동안 바베이도스는 영국의 영양가 높은 설탕 섬으로, 럼의 수도로 기능했다. '가장 체계적인 흑인 노예 사회'로 제 기능을 다했다.

17세기에 바베이도스는 사실상 영국령 아메리카 식민지들의 비공식 수도 역할을 했다. 카리브의 달달한 런던이었다. 설탕 때문에 가장 집중적으로 수탈당했다는 얘기다. 대서양 설탕·노예무역 탓에 아프리카로부터 가장 멀리 떨어진 '작은 아프리카'였다는 뜻이다.

햄버거에 조롱당한
음식천국 멕시코

아스테카의 마지막 황제 몬테수마는 365일 끼니 때마다
300첩 반상을 받았다. 그야말로 식재료의 보고였다.
확실히 멕시코는 미국보다 신(神)과 훨씬 더 가까운 땅이었다.

2009년에 버거킹이 스페인과 영국 등
지에 출시한 텍시칸^{Texan & Mexican} 와퍼의
지면 광고 포스터다. 직감할 수 있듯이,
멕시코로부터 집단 반발을 샀다. 멕시코
정부까지 직접 나서서 공식적으로 항의
하는 등 강하게 반발했다. 논란에 휩싸
이자 버거킹이 '멕시코 상징'의 부적절
한 상업적 이용에 대해 공개적으로 유감
을 표시하면서 일단락되긴 했으나, 멕시

코는 체면을 구겼다. 클리세를 차용한 스테레오 타입 광고의 희생양으
로 전락했다.

깔끔하고 훤칠한 텍사스 카우보이와 나란히 서 있는 땅딸막한^{'pint-sized'} 멕시칸 레슬러가 참 '멋쩍어' 보인다. 겉멋과 함께 힘이 잔뜩 들어
간 사내^{hombre}의 어깨^{hombro}가 나초^{nacho}의 나라 마초^{macho}들을 대놓고 비
웃는 듯하다. 멕시코판 프로레슬링인 루차 리브레^{lucha libre}를 상징하는
그가 착용한 가면은 말 그대로 '와퍼페이스^{WhopperFace}' 구실을 한다. 영
화 〈나초 리브레〉를 연상시키는 그 가면 만큼이나 '작고 매운 멕시칸
^{a little spicy mexican}' 레슬러가 두르고 있는 멕시코 국기 문양의 폰초^{poncho}가
다분히 반^反멕시코적으로 비친다.

광고를 통해 두 지역, 두 에스닉, 두 식문화^{햄버거, 할라피뇨, 양파, 칠리소스}의 퓨

전사실은 에스닉 푸드의 미국화, 곧 텍스-멕스Tex-Mex 요리를 강조할 요량이었겠지만, 정작 부각된 것은 메뉴가 아니라 집단기억이었다. 카우보이의 땅 텍사스를 미국에게 강탈당하고[1845], 그것도 모자라 급기야 1848년에는 영토의 절반을 미국에게 빼앗기다시피 넘겨주고 크게 위축되었던'pint-sized' 멕시코의 치욕스런 역사를 소환했다.[44) 미국과 멕시코가 지리적·문화적·정치적 '운명공동체'임을 선전하는 광고 문구 'unidos por el destino'는 그래서 수사가 아니라 허사가 되었다. 옥수수와 팝콘popcorn, 살사와 케첩, 차포포테chapopote와 껌의 결합은 영 쉽지 않아 보인다.

사실 인류의 먹거리와 식문화에 가장 크게 기여한 나라들 중의 하나는 단연 〈달콤 쌉싸름한 초콜릿〉의 나라 멕시코다. 멕시코는 옥수수, 토마토, 호박, 프리홀frijol 콩, 카카오, 바닐라, 마게이아가베, 아보카도, 고추, 노팔 선인장식용과 약제, 파파야, 차요테chayote 오이, 해바라기, 칠면조 등의 원산지이거나 원산지의 일부였다. 브라질, 콜롬비아, 오스트레일리아 등과 함께 농생물자원 부국 M7Megadiversity 7의 일원인 멕시코는 축복의 땅이(었)다.

에르난 코르테스와 베르날 디아스 델 카스티요의 눈에 비친 16세기

---

44) 멕시코의 영토였던 텍사스는 1845년에 미국에 합병되었고, 2년간 지속된 멕시코-미국 전쟁에서 결국 멕시코는 미국에 패했다. 전쟁에 패한 멕시코는 1848년에 별도로 대미 부채 320만 달러를 탕감 받는 조건으로 1,500만 달러에 지금의 캘리포니아·네바다·유타·애리조나 주 전체와 뉴멕시코·콜로라도·와이오밍 주의 일부를 미국에 양도하는 과달루페 이달고 조약을 체결했다.

의 멕시코는 "생전 맛본 적 없는 음식, 선인장과 야자수 음료 등"[45]으로 넘쳐나던 곳이었다. 아스테카의 마지막 황제 몬테수마는 365일 끼니 때마다 300첩 반상을 받았다. 그야말로 식재료의 보고였다. 확실히 멕시코는 미국보다 신神과 훨씬 더 가까운 땅이었다. 서양의 언어로는 이루 다 형언할 수조차 없던, 그래서 전부 다 담아 표현하기 위해서는 아예 새로운 언어가 필요할 정도로 더없이 경이로운 풍요와 다양성의 세계였다.

15세기 이후 다채로운 토착 식자재와 이질적인 기원의 식문화들마야, 아스테카, 아프리카, 아랍, 스페인이나 프랑스를 비롯한 유럽과 미국의 식문화들이 풍성하게 한데 어우러진 멕시코의 식탁은 맛깔스런 '샤브샤브' 그 자체였다.

당장 버거킹만 놓고 보더라도, 버거킹의 대중적인 메뉴를 구성하는 대표적인 식품들 또한 멕시코 고유종이거나 멕시코를 경유해서 미국으로 유입된 게 상당하다. 감자, 토마토, 토마토케첩, 카카오초콜릿, 칠리소스, 할라피뇨 고추, 햄버거 패티의 원료가 되는 소가 먹는 옥수수 등이 바로 그렇다. 헌데, 그런 멕시코가 지금 버거킹에 의해 조롱당하는 신세로 전락한 것이다.

미국에서 살사가 케첩을 대체하고 토르티야가 샌드위치용 흰 빵의

---

45) Lois Parkinson Zamora and Wendy B. Faris(1995), 『마술적 사실주의』, 우석균·박병규 외 공역, 한국문화사, p. 38.

아성을 넘보는 지금의 상황이 조금은 위로가 될까. 할라피뇨가 우리 집 식탁에서 단무지를 대체하고 있는 상황이 위로가 될까. 신으로부터 풍요로운 축복을 받았기에 역사로부터 저주를 받은 멕시코의 처지가 참 딱하다.

최근에는 북미 원주민과 함께 이 지역의 '선先주민'이었던 멕시코인의 후손들이 지역의 인구 지형을 텍사스가 미국에 편입¹⁸⁴⁵년되기 이전 상황과 과달루페 이달고 조약Tratado de Guadalupe Hidalgo이 체결되기¹⁸⁴⁸년 이전의 상태로 되돌려 놓고 있다.

2019년 기준으로 미국에서 살아가는 히스패닉 인구수는 2010년에 비해 무려 1,000만 명이나 늘어난 6,060만 명에 달한다. 2010~2019년 사이에 늘어난 미국 전체 인구의 절반을 상회하는 52%가 히스패닉이다. 그리고 전체 히스패닉 인구의 무려 62%가 멕시코계로 조사됐다. 멕시코계 히스패닉 인구 규모가 흑인 전체 인구를 턱밑까지 추격한 상태다.

이런 사실까지 감안하면 멕시코인들에게 버거킹 광고는 더더욱 모욕적일 수밖에 없다. 유독 음식 민족주의 성향이 유독 드센 멕시코의 체면이 말이 아니다.

여전히,
초콜릿은 쓰다

카카오 콩을 눈알처럼 귀하게 여기던 마야시대로부터
수천 년이 흘렀지만, 예나 지금이나 초콜릿은 '사치품'이다.
생산과 소비가 격렬하게 분리되어 있다. 여간해선 맛볼 수 없는
'마시는 금oro líquido'이다.

  카카오 파우더와 함께 카카오 버터의 대량생산에 힘입어 지금과 같
은 먹는 판형 초콜릿 제조 기술이 산업화된 것은 19세기에 들어선 후의
일이었다. 음식궁합이 맞지 않아 물과 기름처럼 겉돌던 우유대략 90%가 물
와 초콜릿지방이 거의 50%이 맛있게 섞인 것은 그보다도 훨씬 뒤의 일이었다.
  1875년에 이르러서야 비로소 스위스의 네슬레Nestle에 의해 다크 초
콜릿의 쓰쓸함을 걷어낸 밀크 초콜릿이 탄생했다. 그 이전까지 초콜
릿은 마시는 음료였다. 카카오 원두에 물이 첨가된 초콜릿 음료는, 해
석이 분분하지만, 어원상으로도xocolātl '쓰디쓴xococ(ātl)' 혹은 '뜨거운 물
chocol haa'을 함축한다.

고온다습한 저지대^{적도~남북 위도 20°}에서 자생하는 카카오나무의 재배
기원은 통상 멀게는 메소아메리카 문명의 모체였던 올메카^{Olmeca} 시대
1500~400 B.C로 거슬러 올라간다. 하지만 최근의 고고학 발굴 성과에 의해
카카오 재배의 역사는 좀 더 거슬러 올라간다. 멕시코의 치아파스와 베
라크루스 지역에서는 올메카 문명 이전인 기원전 1900~1750년경에
이미 식용으로 사용한 사실이 출토된 초콜릿 토기를 통해 확인됐다. 올
메카 이전에 지금의 멕시코·과테말라 국경지대인 소코누스코^{Soconusco}
지역에서 생활했던 모카야^{Mokaya}인들이 바로 그 주인공이다. 아무튼 카
카오 콩을 갈고 으깨서 만든 걸쭉한 초콜릿을 칠리 고추, 옥수수 분말,

바닐라, 마게이 즙, 아나토, 꽃, 꿀 등을 첨가해서 본격적으로 음용하기 시작한 이들은 마야600 B.C.와 아스테카1400 A.C.의 일부 선택받은 계층이었다. 왕족, 귀족, 전사계급, 부유한 상인계층, 전장에 나가는 병사나 공놀이juego de pelota의 승리자처럼 제물로 바쳐지던 사람 등이 이 부류에 속했다. 초콜릿의 맵싸한 거품 맛을 으뜸으로 치던 이 두 문명의 (소비)특권층이 사실상 인류 최초의 쇼콜라티에Chocolatier였던 셈이다.

눈알보다 귀한 카카오

마시고, 먹고, 씹고, 바르고, 칠하고, 뿌리고, 발효시키는 등 카카오의 쓰임새는 가히 옥수수에 버금갈 정도로 다양했다. 이들 카카오 인간들은 카카오를 신들이 그들에게 선사한 신들의 음식Theobroma cacao으로 여겨 신성시했다. 연고나 진정제로도 쓰이긴 했으나, 주술적 성분을 지녔다고 믿었기에 주로 농경의식과 종교의식행위에 사용했다. 귀한 손님을 접대하거나 왕의 연회와 귀족들의 주연에서는 어김없이 초콜릿 타임을 가졌다. 특히 마야 문명권에서는 전쟁과 상업과 카카오의 신神인 엑 추아호Ek Chuah를 기리는 제의를 매년 4월에 성대하게 거행했다. 이때 제사장들은 깃털이나 향과 함께 카카오 원두를 제단에 올리는 한편, 얼룩덜룩하게 몸을 카카오 즙으로 칠한 개를 종종 희생양으로 바쳤다. 인간의 심장을 쏙 빼닮은 카카오를 피 대용으로도 사용했다. 풍요를 기원하며 '카카오 전파자'인 원숭이No Monkeys, No Chocolate를 숭배했을 뿐 아

1 아스테카의 케찰코아틀에 해당하는 마야의 카카오의 신(神) 엑 추아흐(Ek Chuak)가 카카오를 갈고 있다. 마야시대부터 카카오는 가장 중요한 공물이자 교역 물품들 중의 하나였다. 부족 혹은 도시국가들 간의 분쟁의 씨앗이었다. 그래서일까. '검은 전갈' 엑 추아흐는 상업과 전쟁의 신이기도 하다. 카카오 신의 양면성은 로마의 야누스를 연상케 한다.
2 네슬레가 출시한 초콜릿 '카를로스 5세(Carlos V)'의 광고의 한 장면. 스페인(1516-1556)과 신성로마제국(1520-1558)을 동시에 통치했던 카를로스 5세는 유럽에 초콜릿을 대중화시킨 초코홀릭이었다.

니라 제의적 퍼포먼스의 일환으로 이 '카카오 전파자'를 희생 제물로 삼기도 했다.

약혼식이나 결혼식에도 빠지는 법이 없었다. 피로연 음료로 귀한 대접을 받는 것에 그치지 않고 초례상에 직접 오르기까지 했다. 예컨대, 카카오 5알을 신랑과 신부가 서로 교환하거나, 신랑이 옥수수 알갱이와 카카오 원두를 신부에게 건네면 그에 대한 답례로 신부는 신랑에게 토르티야와 초콜릿 음료를 내놓았다. 백미 두 그릇과 닭 한 쌍을 대신하던 것이 옥수수와 카카오였던 셈이다. 종교의식이나 결혼식을 거행할 때는 일찍이기원전 1100년 온두라스 지역에서도 카카오 발효 음료를 지금의 치차chicha나 맥주처럼 즐겨 마시곤 했다. 마야 문명권에 편입되었던 멕시코의 오아하카 지방에서는 오늘날에도 옥수수와 카카오를 발효시킨 제례용 비알콜 음료^{테하테 tejate}를 관습적으로 나눠 마신다.

　마야인들의 카카오 사랑은 참으로 각별했다. 카카오에 생애주기별 맞춤형 상징성을 할당했다. 그들은 카카오 음료의 제조과정이 그려진 그릇이나 카카오가 담긴 용기^{솝씀음}를 망자^{亡者}와 함께 매장하는가 하면, 카카오 즙을 어린아이들의 이마와 얼굴, 발가락과 손가락에 발라주기도 했다. 일종의 세례의식이었던 셈이다. 말 그대로 요람에서 무덤까지 카카오와 동행했다. 스페인 정복자들의 등쌀에 못 이겨 콜롬비아에서 떠밀려 파나마까지 올라온 쿠나^{Kuna} 부족이 여태 그렇게 생활하고 있듯이.

　아스테카 문명권도 크게 다르지 않았다. 정복으로 영토를 확장한 '아스테카인들은 깃털과 담배, 피와 카카오에 대한 마야인들의 열정을 고스란히 이어받았다'^{『담배와 문명』}. 마치 남아메리카의 선주민들이 신에게 타바코^{tabaco}를 바쳤듯이, 처녀를 제물로 삼은 인신공희에서 아스테카인들은 태양과 인간의 핏빛을 닮은 카카오를 꽃잎에 싸서 신에게 함께 봉헌했다. 희생양으로 지목된 남자 노예에게 한 달이 넘도록 내내 카카오를 마시게 한 후 그의 '카카오 피와 심장'을 신에게 바치는 의식도 행했다. 카카오 파종 시기에는 13일간 부부의 합궁^{合宮}도 금했다. 이처럼 아스테카인들은 그들을 위해서 신으로부터 카카오를 훔쳐냈던 케찰코아틀을 숭배하고 프로메테우스의 간^肝처럼 쓴 초콜릿에 풍요로운 상징성을 부여했다.

　카카오나무는 그들의 우주관과 종교관을 상징하는 생명의 나무^{우주목}로 형상화되었으며, 카카오 원두는 품삯이나 세금과 공물의 지불 수단,

물물교환이나 도량형의 척도, 시인이나 철학자들의 단골 메타포^{삶의 화려}로 애용되었다. 중독성이 강하다고 믿었기에, 껌
^{chicle}의 경우와는 상반되게 어린이들과 여자들에게는 초콜릿 음료를 제
한했다. 마야 문명권과 동일하게 아스테카의 일반 평민들은 축제와 결
혼식 등 극히 예외적인 경우에 한해서만 이 '신들의 음료'를 맛볼 수 있
었다. '소울 푸드'로 여겨지긴 했으나, 바로 그 높은 사회적·종교적 가
치 탓에 애석하게도 '국민음료'가 될 수는 없었던 것이다.

세례를 받은   이렇게 카카오는 숭배의 대상이자 분쟁^{소코누스}
카카오   ^{코와 같은 양질의 카카오 생산지를 둘러싼 '초콜릿전쟁'}의 씨앗이고,

권위·계급·차이·원기^{元氣}·풍요·조공^{朝貢}·환생·생
명·정화의 징표이며, 신과 인간을 잇는 매개물로 통했다. 참으로 극
진한 대접을 받았다.

한편, 스페인에 의한 멕시코 식민화 과정은 필연적으로 종교, 언어,
인종, 생활방식 등에 걸쳐 광범위한 혼종을 수반했는데, 초콜릿 음료도
예외일 수는 없었을 터. 스페인 귀족층과 성직자, 그리고 크리오요^{식민지}
^{에서 태어난 백인을 뜻하지만 최상품 카카오 품종의 명칭이기도 하다}의 입맛과 손맛에 따라 초
콜릿 음료의 제조 방법에도 먹는 법에도 변화가 생겼다. 와인, 맥주, 밀
가루 빵, 버터, 치즈의 경우와 마찬가지로 새로운 초콜릿 레시피 역시

부와 권력의 상징이었던 카카오. 초콜릿은 귀족과 엘리트를 위한 음료였다. 마야시대와 마찬가지로 최근의 코트디부아르 내전 사태에서도 드러났듯이 카카오는 부와 번영과 풍요의 상징일 뿐만 아니라 전쟁과 분쟁의 불씨('living and dying for cacao')로 피를 먹고 자란다.

나 대개는 수도원에서 나왔다. 스페인 정복자들을 수행했던 선교사가 카카오의 전파자였다면, 멕시코의 오아하카와 치아파스 지역에서 활동한 스페인 신부와 수녀, 그리고 수도사들은 초콜릿 혁명의 전도사 역할을 수행했다. 그들에 의해 마야와 아스테카 신神들의 음식이었던 카카오는 '가톨릭의 음료'[46]로 변신變神했다.

이들 성직자들은 차갑고 쓰고 걸쭉했던 '악마의 음료'에 다양한 감미료와 향신료를 가미해 풍미를 더했다. 그들의 구미歐味에 맞게 '미각 혁명'을 주도했다. 예를 들어, 초콜릿의 쓴맛을 덜고 단맛을 더하기 위해 사탕수수 자당캐럴 오프가 『나쁜 초콜릿』에서 주장하는 것과는 달리 당시에 이미 오아하카에서는 스페인의 카나리아 제도로부터 유입된 사탕수수가 재배되고 있었다을 곁들여 먹었다. 우유,

---

46) 19세기 초반부터는 독일과 프랑스를 중심으로 부활절용 초콜릿 계란이 유행했는데, 이는 카카오가 지녔던 풍요, 거듭남, 희생, 피의 상징성과 썩 잘 어울렸다. 신대륙 정복 이후부터 싹튼 가톨릭의 초콜릿 사랑의 한 징표라 해도 될 듯하다.

아몬드, 헤이즐넛, 계피, 후추, 용연향, 사향 등을 첨가해서 아스테카인들과는 다르게 유카탄 지역의 마야인들처럼 뜨거운 상태로 마셨다.

초콜릿 제조 방법과 먹는 법에 '달콤한 혁명'이 일어나던 16세기에도 소소한 변화는 있었을지언정, 초콜릿은 여전히 신분, 계급, 직업, 지위의 차이를 과시하는 기호로 인식되었다. 몬테수마를 대신해서 이제 카를로스 5세와 스페인의 왕녀들이 '성직자들의 음료'에 '중독'되었고, 스페인의 귀부인들은 시도 때도 없이 숭늉처럼 마셔댔다. 예수회 선교사였던 호세 데 아코스타의 표현을 빌리자면, '걸신들린 듯con glotoneria' 탐닉했다. 멕시코, 특히나 양질의 카카오 생산지였던 치아파스에 거주하던 일부 스페인계 백인 상류계급 여성들은 미사가 열리는 성당에서도 초콜릿 음료를 홀짝거릴 정도로 초코홀릭이었다. 성직자들, 그중에서도 특히 수녀들은 신학 논쟁을 야기하면서까지 금식기간 중에도 초콜릿 음료를 입에 달고 살았다그래서 초콜릿 수녀원의 카카오 확보를 둘러싼 모험 이야기인 카트린느 벨르의 소설 『초콜릿을 만드는 여인들』이 그저 픽션이나 판타지로만 보이지는 않는다. 성경에 언급되지도 않았을 뿐더러 한때 환각버섯Magic Mushrooms에 비유되던 카카오에 수녀들은 매료되었다. 멕시코를 대표하는 초콜릿 몰레mole poblano를 가장 먼저 만든 사람도 다름 아닌 푸에블라 지방의 한 수녀였다.

영화 〈나는 모든 여자 중에서 가장 형편없는 여자Yo, la peor de todas〉의 실제 주인공인 소르 후아나 이네스 데 라 크루스Sor Juana Inés de la Cruz 수녀 시인은 초콜릿과 그야말로 달콤 쌉싸름한 애증의 관계였다. 방문객

스페인 사라고사의 피에드라 수도원(Monasterio de Piedra)에 있는 벽화. 시토 수도사들이 초콜릿을 제조하고 있다. 에르난 코르테스의 통역사였던 헤로니모 데 아길라르를 거쳐 이곳으로 카카오가 흘러들어온 때는 1534년이었다. 물론 그보다 먼저 1524년에 에르난 코르테스에 의해 스페인으로 카카오 원두가 유입되긴 했다. 그러나 바르톨로메 데 라스 카사스 신부의 주선으로 마야의 켁치(Kekchi) 부족의 귀족들에 의해 1544년에 이르러서야 비로소 초콜릿 음료가 스페인 왕실에 '공식적'으로 소개되었으니, 사라고사 수도사들의 초콜릿 제조는 매우 이례적인 일이었다. 초콜릿 박물관까지 거느린 피에드라 수도원은 그래서 유럽 초콜릿의 요람으로 통한다.

이 워낙 많았던 탓에 엄청난 분량의 접대용 초콜릿 음료를 만들어내야 했기에 자신의 소네트에 그에 대한 불편한 심기를 토로하기까지 했다.

초콜릿은 성직자가 가는 곳이면 어디든 따라갔다. 악명 높았던 스페인의 종교재판소도 이 '악마의 음료'를 막지 못했다. 마야와 아스테카의 인신공희에서 희생제물에게 초콜릿 음료가 진정제로 제공되었듯이 마녀재판의 이단 혐의자에게도 핫 초콜릿이 허락되었다. 게다가 "성직자와 귀족들은 무자비한 종교재판에서 이단 혐의자가 겪는 고통을 지켜봐야 했는데 이때 부담감을 덜기 위해" 「나쁜 초콜릿」 찾았던 것도 핫 초콜릿이었다. 당시의 종교재판 관련 기록 문서에는 초콜릿을 사악한 용도로 성적이나 주술적 용도로 악용하다 적발되어 이단 심문소에 회부된 사례들도 심심찮게 눈에 띈다.

순례길에 오른   이렇듯 유럽의 사교계가 주시했던 16~17세기의
카카오   스페인 사회에서 초콜릿은 가장 핫한 아이템으로
                   지배층과 호사가들의 입에 자주 오르내렸다. "인간이 마실 음료라기보다는 돼지에게 더 적합한 것이다"라며 초콜릿을 비난했던 이탈리아의 역사가 지롤라모 벤초니를 조롱하듯 초콜릿에 점점 더 빠져들었다.

카카오 베이스의 음식들(만)을 음미하는 '초콜릿 파티' las choco-latadas가 각종 사교모임과 행사의 단골 이벤트로 유행했다. 그리고 초

코랜드를 떠나 이베리아 반도를 정복한 '핫 초콜릿'은 '카톨릭 음료'답게 산티아고 순례길을 따라 피레네 산맥을 넘었다. 신성한 카카오 전파 루트를 증언하듯, 산티아고 순례길에 위치한 초콜릿의 도시 아스토르가는 지금도 초콜릿 박물관으로 유명하고, 산티아고 데 콤포스텔라 대성당의 특산품은 초콜릿 과자Piedras de Santiago다.

스페인의 제조 비밀주의와 독점판매권을 뒤로하고 초콜릿은 대략 17세기 초반 무렵 이후 서서히 이탈리아1606년와 프랑스1615년, 영국1657년을 포함한 유럽 전역으로 전파되었다. 1659년에는 파리에 최초의 초콜릿 제조공장이 들어섰다. 17세기 말과 18세기 초에는 스위스1697년, 프로이센 지역, 벨기에1711년 등지에서도 입소문이 돌기 시작했다.

가톨릭의 세례를 받고 피레네산맥을 넘어간 초콜릿은 음료 그 이상의 대접을 받았다. 초창기의 차, 설탕, 커피, 럼과 같은 열대 원산지의 '약물 식품'이 그랬듯이 신비한 효능을 지닌 식음료로 간주되었다. 숱한 신화와 속설을 낳았다. 예컨대 음식과 약품의 경계를 넘나들면서 피로회복제, 소화제, 각성제, 최음제, 해열제, 화상 치료제, 강장제, 무해한 무알콜 자극제, 급기야는 불로장생의 영약으로 취급되었다. 라틴아메리카 원산지의 담배가 한때 유럽에서 천식 치료제로 통했으니, 그것에 비하면 카카오는 '약과'였다.

한편 신세계의 토착 식품인 카카오 먹는 법에도 2차 혁명이 일어났다. 이제 물뿐만 아니라 우유와 달걀, 알코올과 와인이 초콜릿에 첨가

되었다. 이탈리아의 메디치 가문, 프랑스의 살롱, 그리고 17~18세기 영국의 음탕한 초콜릿하우스에서는 커피나 설탕처럼 (노예 삼각무역의 주요 교역 물품이자) 사교의 촉매제 구실을 톡톡히 했다. "커피보다 값이 비쌌기 때문에 부자들에게 더 큰 호감을 샀다"시드니 민츠, 『설탕과 권력』. 와인이나 샴페인과 맞먹을 정도의 트렌디한 고급 사교 음료로 군림했다. 특히나 혼수품으로 카카오를 지참했던 스페인 왕녀들에 의해 루이 13세와 14세 시대의 프랑스 궁정에서는 '공식궁정음료' 지위를 누렸다.

아스테카 궁을 대신해서 이제 베르사유 궁전에 거대한 카카오 창고가 들어섰다. 몬테수마의 1회용 금잔을 대체하면서 초콜릿 전용의 세련된 자기 잔과 받침접시가 불티나게 팔렸다. 초콜릿의 품질이 '평준화'되고 초콜릿 소비 민주주의가 진척됨에 따라 이제 이것들이 차이표시 기호로 여겨진 탓도 컸다.

바로크 시대의 대표 음료였던 초콜릿은 '마시는 소돔과 고모라'『초콜릿』, 즉 악마의 묘약으로 통하기도 했지만 볼테르를 비롯한 계몽주의자들의 기호품으로 자리를 잡았다. 캐럴 오프『나쁜 초콜릿』의 말마따나 "계몽주의 시대에 초콜릿은 지난 시대의 귀족에게 그랬듯, 새로 부상한 부유한 상인들과 자유 지식인의 삶 속에 정착했다". 이렇게 '계몽주의 운동의 주요 요소'『나쁜 초콜릿』였던 초콜릿은 근대적 공간, 문화, 분위기를 조성하며 부르주아적 근대성 형성에도 일조했다.

이렇게 초콜릿 소비 민주주의가 진척되고 유럽의 초콜릿 수요 증가 속도가 가팔라짐에 따라 재배지도 빠르게 확산되었다. 이 시기 라틴아메리카에서의 카카오 재배지 확산은 애초의 카카오 전파 루트의 역방향으로 진행되었다. 말하자면 카카오의 원산지였던 에콰도르-페루-콜롬비아의 영토가 겹치는 상부 아마존 방향과 오리노코강 유역 쪽으로 남하했다. 기존의 멕시코, 과테말라, 벨리즈를 넘어 온두라스와 엘살바도르, 베네수엘라[47) 1600년경]와 에콰도르[1880~1890년까지 세계 최대 카카오 수출국] 및 브라질[1677년]과 수리남[1680년] 등지로 카카오 플랜테이션이 확대되었다.

커피, 차, 면화, 사탕수수 산업이 그랬듯이, 카카오 콩 무역을 주도하고 초콜릿 소비 증가에 탄력적으로 대응하기 위해 스페인과 포르투갈을 비롯한 유럽 각국은 자국 식민지와 노예(적) 노동으로 눈길을 돌렸다. 그리하여 글로벌 자본주의 분업체계를 선도하던 유럽 자본을 등에 업고 17세기 중반에 이르러 카카오는 카리브와 태평양을 건넜다. 마르티니크[1660년], 도미니카공화국과 아이티, 그라나다, 아루바, 세인트 빈센트 등과 같은 서인도제도와 영국령 자메이카 등지로 번져나갔다. 훗날 마리아 카카오[Maria de cacao]의 전설을 잉태하고 핫 초콜릿 식문화를 낳을 필리핀[1670년]에도 상륙했다.

유럽의 식탁, 사교, 여가 문화에 적잖은 변화를 초래한 카카오는 영국과 프랑스와 네덜란드의 식민지였던 가나를 비롯한 아프리카와 아시아에도 뿌리를 내렸다. 대대적으로 "숲을 베어 넘기고 시체와 핏자국 위에 카카오를"[『가브리엘라, 정향과 계피』] 재배하기 시작했다. 그 지역의 역

---

47) 1600년부터 1820년까지 베네수엘라의 1위 수출 품목도 이 갈색 금이었다. 20세기에 접어들어 검은 금(석유)이 그 자리를 대체하기 전까지 카카오는 커피와 함께 베네수엘라의 최고 효자 환금 작물로 각광받았다.

사를 핏빛으로 물들이고, 경제 구조를 왜곡하고, 정치적 파행을 조장하며, 대외 종속을 구조화시켰다. 특히나 서아프리카를 인신매매, 노예(적)노동, 아동 노동에 의해 지탱되는 처참한 '초콜릿 나라들Chocolate Nations'로 바꿔놓았다. '찰리와 초콜릿 공장이 말해주지 않는 것들', 이른바 초콜릿의 어두운 이면'bitter side of sweet'을 속속들이 드러냈다.

핏빛   19세기 중반 이후 카카오 산업의 패권은 잠시 브라질을
카카오   경유해서 아프리카로 옮겨 갔다. 스페인으로부터의 독립전
          쟁, 각종 카카오 질병의 확산, 커피 플랜테이션 산업의 부상
등의 이유로 라틴아메리카는 세계 최대의 카카오 재배지 지위를 상실했다. 라틴아메리카를 밀어내고 아프리카가 이제 최대의 대체 생산지로 등극했다. 아프리카와 초콜릿 산업의 검은 커넥션이 확고하게 자리매김한 것이다.

　여기서 질문 하나. 고디바의 나라 벨기에는 어떻게 스위스와 함께 초콜릿의 수도로 급부상할 수 있었을까. 스위스의 경우는 알프스 젖소우유와 네슬레의 만남을 통해 밀크 초콜릿을 세상에 처음으로 내놓았기에 수긍이 가는 측면이 있다손 치더라도, 우유니 소금사막의 크기에 불과한 벨기에는 대체 어떻게 명품 수제 초콜릿의 나라가 될 수 있었을까. 아프리카 때문이었다. 아프리카에 자국 면적의 80배에 달하는 우량 '카카오 식민지'를 거느린 덕분이었다. 카카오 콩을 안정적으로 공

아동노예 문제는 아프리카와 초콜릿 산업의 검은 커넥션을 지탱하는 초콜릿의 가장 어두운 이면이다.

급하던 콩고가 있었기에 프랄린 초콜릿의 천국으로 등극할 수 있었던 것이다. 물론 콩고에게 카카오는 상아와 천연고무와 코발트처럼 재앙의 씨앗이었겠지만.

페루가 신흥 카카오 원두 수출 대국으로 떠오르고 있긴 하지만, 2019년 현재 코트디부아르, 가나, 나이지리아, 카메룬, 토고 등이 유럽에서 소비되는 초콜릿의 거의 80%를 독점 공급하고 있다. 노예, 황금, 상아를 대신해서 핏빛 카카오^{Blood Cacao}가 이제 이 지역 주변 해안을 대변하는 형국이다. 카카오 콩을 눈알처럼 귀하게 여기던 마야시대로부터 수천 년이 흘렀지만, 예나 지금이나 초콜릿은 '사치품'이다. 생산과 소비가 격렬하게 분리되어 있다. 여간해선 맛볼 수 없는 '마시는 금^{oro liquido}'이다. 적어도 이 '카카오 해안'의 초콜릿(색) 노동자들에게는. 집단 희생과 피의 상징물이다. 마야시대처럼. 여전히 초콜릿은 쓰다.

부패하는 화폐,
카카오 머니

멕시코의 일부 원주민 거주 지역에서는 오늘날에도 카카오가
유효한 교환 수단으로 활용되고 있다. 갈색 금el oro moreno으로
통했던 카카오는 썩어도 준치였던 셈이다.

한때 중국과 미국의 버지니아에서 차※와 담배가 그러했듯이, 카카
오 원두는 화폐로도 사용되었다. 마야와 아스테카 문명권은 물론이고
코스타리카와 니카라과를 비롯한 메소아메리카 일대에서 화폐로 통
용되었다. 브라질의 일부 지역 원주민들도 카카오 원두를 화폐로 떠
받들었다.

스페인 통치 하에서도 이 성스러운 실물화폐의 지위는 크게 달라지
지 않았다. 아스테카를 정복한 에르난 코르테스가 카카오 플랜테이션
사업에 손을 댄 이유도 이 '재배 가능한 화폐'에, 그것이 지닌 남다른 가
치에 눈을 떴기 때문이었다. 실제로 1555년에 누에바 에스파냐 부왕령

에 의해 카카오는 화폐카카오 40개가 스페인 1레알로 승인되었다. 주조화폐에 대한 원주민들의 거부감과 이해 부족 및 화폐의 쏠림대외 수출 관련 분야, 식민지 관료, 교회 등으로의 쏠림과 유통량 절대 부족 탓도 거기에 한몫했다.

교황 클레멘테 7세에게 보내는 서신에서 한 연대기 작가는 이 '부패하는 화폐'에 환호했다. 탐욕을 용납하지 않는 '행복한 돈_{feliz moneda}'이라며 크게 반겼다. 이 '나무에 열리는 화폐' 또한 단점이 없을 리는 없었다. 장기 보관의 어려움과 채색 점토나 돌 혹은 아보카도 씨로 제조된 '위조 카카오' 문제 등을 야기했다. 그럼에도 불구하고, 운반 및 휴대의 용이함과 희소성 및 가치의 안정성으로 인해 화폐로서의 지위는 지역에 따라서는 19세기까지 유지되었다. 지역 혹은 공동체 화폐_{moneda comunitaria}의 성격도 얼마간 지녔다.

케네스 포메란츠와 스티브 토픽은 그들의 저서『설탕, 커피 그리고 폭력』에서 "코스타리카에서는 18세기까지도 총독이 물품을 구입할 때 카카오 열매를 사용"했다고 짧게 기술하고 있는데, 여기에 살을 좀 더 보태자면, 실제로 이 '달콤한 금oro dulce'은 1709년에 코스타리카 총독로렌소 안토니오 데 그란다 이 발빈에 의해 통화적 가치를 공식적으로 인정받았다. 카카오 2레알, 곧 카카오 160개가 스페인 1레알real과 등가였다. 이후 18세기 말경에 이르러 식민지 당국에 의해 '카카오 화폐'의 사용이 다시 금지되었지만, 그럼에도 불구하고 거의 19세기 내도록 코스타리카에서는 매우 긴요한 교환 수단으로 군림했다.

스페인 정복자들이 발견한 이 노다지의 종주국이었던 멕시코에서는 더했다. 스페인 정복자들의 기록에 의하면, 당시 아스테카 시장은 규모 면에서나 취급 품목의 다양성과 양적인 측면에서 단연 당대 최대였다. 장터에 운집한 적게는 3만 많게는 6~8만여 명의 장꾼들이 내는 왁자지껄한 소리가 4㎞ 밖까지 들릴 정도였다고 한다. 그리고 이 틀라텔롤코 시장에서 거래되는 고가 품목들은 대게 '카카오 머니'로 결제되었다. 시기와 지역에 따라 약간의 차이는 있었겠지만, 토끼 1마리는 카카오 10알과 맞교환되고, 카카오 1알로는 사포테이 나무에서 추출한 고무 같은 수액이 바로 천연 치클, 추잉껌이다 열매 2개를 구매할 수 있었다. 하루치의 원주민 품삯은 카카오 25알의 가치와 맞먹었다. 종주국에 걸맞게 멕시코에서 카카오 머니는 여타 지역에 비해 확실히 유통기간도 길었다.

1 금괴와 금화의 형태를 띤 초콜릿은 카카오-화폐-금의 '신화'를 상품화한 것이다. 크리스마스와 새해 선물용으로 큰 인기를 누리고 있다.
2 멕시코 메트로폴리탄 대성당의 '카카오 예수상'. 17세기에 한 영국계 성직자(Thomas Gage)는 이 카카오 예수상에 바친 멕시코 원주민들의 카카오를 되팔아서 엄청난 부를 축척했다.

　　20세기 초반까지도 멕시코시티의 메트로폴리탄 대성당에 모셔진 옥수수로 만든 예수상 Señor del Cacao에 가톨릭 신자들은 헌금 조로 카카오를 바치곤 했다. 멕시코의 일부 원주민 거주 지역에서는 오늘날에도 유효한 교환 수단으로 활용되고 있다. 갈색 금 el oro moreno으로 통했던 카카오는 썩어도 준치였던 셈이다.

옥수수 없이는
나라도 없다

우리의 몸은 우리가 먹는 음식과 같다는 말이 있다.
그 말이 사실이라면 우리 대부분은 바로 옥수수다.
좀 더 정확히 말하면 가공된 옥수수다.

-마이클 폴란Michael Pollan_

사파티스타Zapatista 복장을 한 다양한 피부색의 사람들이 옥수수 속을 꽉 채우고 있다. '존엄성'을 '뿌린다'는 글귀 속에는 멕시코인들의 고유한 옥수수관觀이 담겨있다. 그들에게 옥수수maíz는 뿌리raíz고 생명의 어머니mamaz였다. 일찍이 마야인들은 신神들이 노란

옥수수와 하얀 옥수수로 팔다리와 살과 피를 만들고 옥수수 덩어리를 몸속에 집어넣어 인간을 창조했다고 믿었다. 옥수수를 신이 죽었다가

환생한 거룩한 작물로 여겼다. 아스텍제국의 창조신화에서 아담과 이 브에 해당하는 옥소모코Oxomoco와 씨팍토날Cipactónal에게 신케찰코아틀: Quet-zalcóatl이 최초로 선사한 먹을거리 역시 옥수수였다. 옥수수는 신이자 신의 음식이고 인간과 신을 매개하는 신성한 작물이었다.

옥수수 인간　　　그렇게 신과 함께 옥수수를 먹고, 옥수수를 숭배하고, 옥수수에 풍요cornucopia와 생명이 깃들었다고 믿었던 그들은 노벨문학상을 수상했던 미겔 앙헬 아스투리아스Miguel Ángel Asturias의 말대로 '옥수수 인간Hombres de maíz'이었다. '걸어 다니는 옥수수'. 탯줄마저도 '신성한sagrado' 옥수수 이삭 위에서 자르던 그들은 옥수수 문명의 자식들이었다. 타코, 케사디야, 메누도, 포솔레, 타말레스, 토르티야, 엔칠라다스, 칠라킬레스, 아톨레 등 옥수수를 주원료로 하는 그네들의 식탁은 그래서 신탁神託과 진배없었다. 그들에게 옥수수는 식량이고 삶이며 존재 그 자체였다. 신화이면서 역사이고 정치이면서 일상이었다. 문화의 주춧돌이고 신앙의 뼈대였으며 예술과 건축의 모티브였다. 아기가 태어나면 두개골을 비정상적으로 납작하고 길게 옥수수 모양으로 만들었고, 통치자들은 옥수수 관을 쓰고 옥수수 이삭을 들거나 옥수수 줄기로 치장한 옥수수신神을 모방했다. 정치적 권위도 인간적 존엄도 일상의 의미와 가치까지도 모두 옥수수로부터 파생됐다.

　눈알처럼 귀한 대접을 받았던 카카오 콩만큼이나 옥수수도 융숭한 대

젊은 옥수수신(神). 의견이 분분하긴 하지만, 동물, 식물, 생명, 숲, 농업을 관장하던 마야의 신이다. 변형된 머리 모양이 옥수수 형태와 흡사하다. 옥수수신을 섬겼던 '옥수수 인간'들은 훗날 가톨릭을 받아들이고 나서는 옥수수 반죽과 줄기로 예수상을 만들기도 했다. 특히 미초아칸(Michoacán) 지역에서 '옥수수 예수상'을 많이 제작했다. '옥수수 예수상'은 멀리 스페인의 카나리아 제도까지 흘러들었다.

접을 받았다. 휴대전화에서 향수까지 옥수수는 오늘날 식품 첨가물, 산업소재, 의약원료, 바이오에탄올, 가축의 사료 등 다양한 용도로 활용되는데, 마야와 아스텍 시대에도 그 쓰임새는 실로 다양했다. 뿌리에서 맨 위의 숫이삭까지 버릴 것이 하나도 없었다. 알갱이는 요리와 먹거리의 중심이었고, 베고 난 옥수수의 그루터기와 뿌리는 자연스럽게 거름이 되었다. 알갱이를 싸고 있던 껍질은 다양한 수공예품^{망태기, 모자, 방석 등}의 재료로 이용되거나 타말 등의 음식을 만들 때나 담배를 말 때 사용되었고, 때로는 눈·코·입이 없는 전통 '옥수수인형'으로 재탄생했다. 옥수수의 낟알이 달려 붙어 있던 올로테^{olote}, 곧 옥수수 속대는 종교 제의에 사용되었고, 동물의 먹이나 장난감 및 수공예품의 재료나 장식품으로 활용되었다. 그리고 남은 이파리와 줄기는 가금류를 비롯한 가축의 사료가 되었다. '걸어 다니는 옥수수'들은 그야말로 옥수수염^{약제} 한 올도 낭비하거나 허투루 다루지 않았다.

수염 달린 맏언니 마야와 아스텍의 '문명작물'이었던 옥수수는 그 두 문명의 알파요 오메가였다. 3,300미터의 고산지대에서부터 모래알 서걱이는 해안에 이르기까지 거의 토양을 가리지 않았다. 병충해가 적고 이처럼 총재배 가능지^{재배 적지+재배 가능지}가 광범위한 것도 옥수수의 매력이었다. 이런 점에서 옥수수는 위대한 '공간의 정복자'였다. 흙만 있으면 뿌리를 내리고 다른 곡류와는 비교할 수 없을 정도로 단위 면적당 생산량도 압도적이었다. 게다가 다른 곡류에 비해 에너지 공급능력이나 노동생산성도 탁월했다. 5인 가족의 1년분 식량은 대략 100시간 내외의 가족노동으로 충당 가능했다. 마야와 아스텍에서는 연간 50일 정도의 노동으로 거대 도시^{인구 20만 명 크기의 도시} 하나를 먹여 살릴 수 있었다. 손이 많이 가지 않았고 재배도 손쉬웠고 짧은 수확기간도 큰 이점이었다. 혼자 알아서 쑥쑥 크는 옥수수 덕분에 생긴 잉여시간은 문명을 일구는 바탕이 되었다. 페르낭 브로델이 "옥수수가 없었더라면 마야와 아스텍의 거대한 피라미드도, 쿠스코의 성벽도, 마추픽추의 인상적이고 놀라운 건조물도 불가능했을 것이다"라고 했을 때 그가 염두에 둔 것도 바로 이 점이었으리라. 물론 '곡물의 어머니'로 통했던 퀴노아와 아마란스도 있었지만 기본적으로 잉카의 문명작물, 잉카의 기본적 먹거리는 녹말작물인 감자였다. 하지만 평민들과 다르게 잉카의 황제와 귀족들은 감자보다 옥수수를 더 선호했다. 국가적 의식이나 종교적 예식에도 감자가 아니라 옥수수로 빚은 치차_{chicha}를 제주祭酒로 사용했고 옥수수빵을 제물로 바쳤다.

15세기에 세계에서 가장 거대한 도시 테노치티틀란[48]을 호수 한가운데에 세울 수 있었던 것도, 25만 명에 육박했던 그 도시민들의 대부분이 농민이 아니었던 것도 옥수수가 있었기에 가능했다. 마야의 전통적인 섞어짓기밀파 농업의 중심축 또한 옥수수였다. 잉카의 계단식 밭과 아스텍의 수경재배치남파 농법와 나란히 세계중요농업유산GIAHS으로 등재된 이 마야의 밀파Milpa에서 옥수수는 넝쿨콩, 호박과 함께 '세 자매'로 불렸는데, 수염 난 맏언니 구실을 톡톡히 했다. 옥수수 잎은 햇빛에 약한 콩에게 그늘을 제공했고, 튼튼한 옥수수대는 콩과 호박의 넝쿨을 잡아주는 지지대 역할을 했다. 넓은 호박 잎과 함께 옥수수의 긴 잎은 잡초가 자라는 것을 막고 토양의 유실을 최소화하며 훨씬 더 많고 안전한 소출을 보장했다. 이 세 자매는 영양학적으로 매우 균형 잡힌 식탁을 제공했다. 열량이 높고 영양소가 불균형한 '불완전 식품'인 옥수수를 보완하던 먹거리가 바로 콩과 호박이었다. 옥수수에는 니아신niacin과 단백질을 만드는 데 필요한 아미노산인 리신lysine이 전혀 없고 트립토판tryptophan도 거의 없는 반면, 콩에는 필수 아미노산인 리신과 트립토판이 풍부하고, 호박에는 비타민A와 비타민C, 칼륨 등이 풍부해서 이 세 자매는 찰떡궁합을 이뤘다. 지금은 단일 품종 및 유전자변형 농

---

48) 아스텍제국의 수도였던 테노치티틀란은 기후변화의 시대에 지속가능한 도시의 대안적 형태로 많은 주목을 받고 있는 '부유식 해상도시'의 15세기 버전이라고 할 수 있겠다. 텍스코코 호수 위에 떠 있는 신비로운 거대 도시였다. 아스텍을 정복한 에르난 코르테스는 "아스텍의 베네치아"로 소개했고, 많은 스페인 정복자들은 테노치티틀란의 '믿기지 않는' 입지와 규모와 구조에 놀라움을 표시하며 세비야, 로마, 콘스탄티노플 등과 비교했다.

산물의 상징이 됐지만, 콩과 호박, 잡초와 약초와 함께 재배되었던 마야시대의 다양한 품종의 옥수수는 지속가능한 친환경 생태순환농업의 한 축을 담당했다.

아울러 옥수수는 차이를 제거하고 서로 다른 지역과 공간을 하나의 문화권으로 잇는 역할도 수행했다. 자연환경이 다르고 언어적·인종적·문화적 다양성이 풍요로운 곳임에도 불구하고 멕시코, 과테말라, 엘살바도르, 벨리즈 지역과 온두라스, 니카라과, 코스타리카 서부 지역의 사회문화적 친연성이 높은 이유도 옥수수에 있다. 이 메소아메리카 지역의 삶과 사회구조와 문화에 결정적인 역할을 했던 것이 바로 옥수수였기 때문이다.

옥수수 종주국에서
옥수수 최대 수입국으로

옥수수 자식들의 운명은 1990년대를 기점으로 완전히 달라졌다. 생물의 다양성을 보존하고 옥수수의 종 다양성도 지키면서 친환경적으로 유지해오던 생계형 소농 중심의 옥수수 자급의 생태계는 깨졌다. 거의 7,000년 동안이나 옥수수와 더불어 살아왔지만 지금처럼 옥수수의 생산과 소비가 분리된 적은 단 한 번도 없었다. 주식이고 원산지임에도 불구하고 멕시코는 옥수수를 자급하지 못하고 있다. '팝콘 제국' 미국으로부터 해마다 엄청난 양의 옥수수를 수입하는 실정이다. 1980년대까지만 해도 91.5%의 옥수수 자급률로 그럭저럭 체면치레는 했지만 북미 자유무역협정NAFTA이 타결된 전후로 상황은 악화됐다. 나프타 체결 당시 옥수수와 콩에 대한 보호관세를 15년에 걸쳐 단계적으로 철폐한다는 조항이 삽입되긴 했지만, 수입 쿼터와 상관없이 더 많은 양의 옥수수를 수입할 수밖에 없었다. 정부의 농촌 지원이 거의 끊기면서 옥수수 생산성이 답보상태를 벗어나지 못해 국내 생산량만으로는 수요를 충당할 수 없었기 때문이다. 옥수수 수입관세가 완전히 철폐된 때는 2008년 1월이지만 멕시코 정부는 그 이전부터 이미 할당량을 초과한 수입분에 대해서도 관세를 부과하지 않았다. 따라서 옥수수 수출 대금 선지급 혜택과 각종 정부 보조금을 등에 업은 미국산 옥수수가 국내산의 거의 반값으로 쏟아져 들어왔다. 멕시코 농민들로서는 저가의 미국산 옥수수의 습격을 막아낼 재간이 없었다. 세계은행World Bank이 발간한 보고서와 데이터에 따르면 1993년에 50만 톤에 그쳤던 멕시코의 옥수수 수입물량은 2008년에는 956만 톤으로 19배 증가했다. 10년 뒤인 2018년에는 다시 1,720만 톤으로 껑충 뛰었다. 국내 생산 옥수수의 거의 90%가량이 흰 옥수수인 관계로 산업용이나 가축의 사료로 쓰이는 노란 옥수수의 자급률은 고작 25%에 불과한 상황이다. 보복관세 논란이 잦았던 2019~2020년에는 브라질이나 아르헨티나가 대안으로 떠오르긴 했지만 여전히 옥수수 수입 물량의 거의 대부분을 미국에 의존한다. 2018년과 2019년에 옥수수 수입대금으로 지불된 금액만도 52억 달러에 달했다. 그 사이 식량 자급률은 58%, 옥수수 자급률은 62%대로 곤두박질쳤다. 현재 미국 전 농지의 4

분의 1이 옥수수밭이고 세계 옥수수 수출량의 60% 이상을 미국이 차지하고 있다. 그에 반해 옥수수 종주국 멕시코는 일본, EU, 베트남, 한국, 이집트 등을 따돌리고 수년째 옥수수 최대 수입국의 자리를 지키고 있다. 미국산 옥수수에 멕시코가 정복당한 꼴이다. 잔인한 아이러니다. 흡사 타코 벨Taco Bell이 타코를 몰아낸 형국이다.

이뿐 아니다. 엎친 데 덮친 격으로 멕시코는 수입 옥수수 물량의 50~60%를 차지하는정확하게 얼마인지는 사실 아무도 모른다 사료용 GMO 옥수수를 소비하는 처지로 전락한 지도 이미 오래다. 2005년부터는 급기야 GMO법, 일명 '몬산토법'까지 통과되어 시날로아와 소노라, 타마울리파스 등 북부 국경지방에서는 GMO 옥수수의 실험재배가 시작됐다. 지금까지 정부 승인을 받은 건수만도 수백 건에 이른다. 2013년부터 상업적인 GMO 옥수수 재배가 금지된 상태이긴 하나, 오아하카 지역 등지에서는 이미 GMO 옥수수에 의해 멕시코 토종 옥수수가 광범위하게 오염된 것으로 드러났다. 그리고 최근 조사에 의하면 멕시코에서 소비되는 토르티야의 27.7%에서 글리포세이트가 검출되었다. 다양한 기후와 토양과 입맛에 맞는 59종외래종 포함하면 총 64종의 토종 옥수수를 보유한 옥수수 원산지, 옥수수 인간들에게 이보다 더한 수모가 또 있을까.

FTA를 통해 식량주권을 포기한 결과 멕시코의 토르티야는 글리포세이트뿐만 아니라 국제 식료품 가격의 변동 위험과 가격왜곡에도 속수무책으로 노출되었다. 2007년의 토르티야 파동이 그 좋은 예다. 국제 옥수수 가격 상승과 '코요테coyote'로 통하는 카길, 마세카Maseca, 민사Minsa 등을 비롯한 곡물기업들의 매점매석으로 인해 2007년 1월에는 kg당 6페소 하던 토르티야 값이 지역에 따라 적게는 10페소, 많게는 15~20페소로 급등, 멕시코 전역이 대규모 토르티야 시위로 들썩거렸다. 1993년 말에 kg당 1페소도 채 되지 않던 토르티야 값이 옥수수의 수입과 생산 및 유통망을 틀어쥔 거대 시스템의 농간에 의해 그 사이에 무려 10배 이상으로 폭등한 것이다. 옥수수의 생산·가격·유통 업무 등을 관장하던 국가기관CONASUPO을 폐지하면서까지 옥수수 주권을 양도한 값비싼 대가였다. 공생共生이라는 수사修辭를 걷어내고 보면 사실 먹고 먹히기에 다름 아닌 FTA에 기생하는 한, 초국적 농식품복합체가 세팅하는 지구적 식량 공급·배급 체계에 의존하는 한 토르티야 파동은 언제든 재발될 수 있다. 그리고 에탄올이나 바이오디젤을 생산하는 '농업연료' 문제와 맞물려서 설령 국제 옥수수 가격이 급등한다 하더라도 독과점화된 토르티야 값만 폭등할 뿐, 옥수수 재배 농민의 호주머니를 살찌우지는 못할 것이다. 다국적 곡물 유통기업들이 옥수수 시장을 장악하고 있는 관계로 국제 옥수수 가격이 상승해도 영세한 멕시코 옥수수 농가들에게 그 혜택이 돌아갈 여지는 크지 않다.

"옥수수 없이는 나라도 없다sin maiz no hay pais"던 구호가 무색할 지경이다. 음식 민족주의Culinary Nationalism가 그 어느 곳보다 강한 〈달콤 쌉싸름한 초콜릿〉의 나라의 먹을거리 현실 치고는 너무 잔인하다. '아메리칸

파이'만 키워주면서 국경에 솥 걸어놓고 살아가는 멕시코. 옥수수 후손들의 처지가 알곡을 털어낸 옥수수 속대처럼 처량하다. 존엄과 생명과 풍요를 상징했던 옥수수가, 더 정확하게 말하자면, 미국산 옥수수가 멕시코 농촌경제의 기반을 허물고 있다. 농촌생활의 기초이자 토지와 공간을 할당하고 농촌의 가옥 구조까지도 결정했던 옥수수가 급기야 농촌 공동체를 해체하고 농민을 농촌에서 쫓아내고 있다. 농촌이 식량보다 이주자·실업자·비공식 부문 노동자를 더 많이 생산하고 있다. 옥수수가 '멕시코 혁명'보다 더 조직적으로 인구의 사회적 대이동을 야기한 셈이다. 나프타 체결 이후 대략 20년 만에 농촌의 일자리 490만 개가 사라졌고 농민 600만여 명이 농민으로 살 권리를 박탈당하고 농촌을 떠났다. "살기 위해 옥수수를 심는 것이 아니라 옥수수를 심기 위해 산다"는 말이 무색할 정도다. 농촌 거주 인구의 절대 다수가 빈곤층으로 전락하고 농민이 식량 구입에 가장 많은 돈을 지출하는 상황. 미국산 식품의 홍수 속에서 고과당 옥수수 시럽에 중독된 멕시코 국민 개개인들은 피둥피둥 살찌는데, 멕시코의 옥수수 농업은 고사 직전의 위기로 내몰리고 있다. '걸어 다니는 옥수수'들, 아니 걸어 다니는 '가공된 옥수수'들이 국경으로 (내)몰리고 있다.

참고문헌

가르시아 마르께스. 2004. 『콜레라시대의 사랑』. 송병선 옮김. 민음사.

_____. 2004. 『백년의 고독』. 조구호 옮김. 민음사.

권지예. 2011. 『유혹 1』. 민음사.

김남조. 2006. 『사랑하리 사랑하라』. 랜덤하우스코리아.

김세건. 2010. 『우리는 빠창게로』. 지식산업사.

김영하. 2003. 『검은 꽃』. 문학동네.

김종미. 2013. 『가만히 먹던 밥을 버리네』. 작가세계.

김형중. 2006. 『변장한 유토피아』. 랜덤하우스코리아.

데이비드 프라이. 2020. 『장벽의 문명사』. 김지혜 옮김. 민음사.

도종환. 2002. 『슬픔의 뿌리』. 실천문학사.

라우라 레스트레포. 2009. 『열정의 섬』. 송병선 옮김. 뿔.

라우라 에스키벨. 2004. 『달콤 쌉싸름한 초콜릿』. 권미선 옮김. 민음사.

루이스 파킨슨 외. 2001. 『마술적 사실주의』. 우석균 외 옮김. 한국문화사.

마이클 폴란. 2008. 『잡식동물의 딜레마』. 조윤정 옮김. 다른세상.

모모이 지로. 2008. 『해적의 세계사』. 김효진 옮김. 에이케이커뮤니케이션즈.

목수정. 2008. 『뼛속까지 자유롭고 치맛속까지 정치적인』. 레디앙.

무라카미 하루키. 2006. 『국경의 남쪽, 태양의 서쪽』. 문학사상사.

문혜진. 2004. 『질 나쁜 연애』. 민음사.

박병규 외. 2019. 『리듬으로 사유하기』. 동명사.

박정대. 2007. 『내 청춘의 격렬비열도엔 아직도 음악 같은 눈이 내리지』. 민음사.

_____ 2011. 『삶이라는 직업』. 문학과지성사.

배영옥. 2014. 『쿠바에 애인을 홀로 보내지 마라』. 실천문학사.

보리스 파우스투. 2012. 『브라질의 역사』. 최해성 옮김. 그린비.

복도훈. 2010. 『눈 먼 자의 초상』. 문학동네.

백무산. 1999.『길은 광야의 것이다』. 창작과비평사.

브라이언 W. 블루엣 외. 2014.『라틴아메리카와 카리브 해』. 김희순 외 옮김. 까치.

서경식. 2002.『나의 서양미술 순례』. 박이엽 옮김. 창비.

서울대 라틴아메리카연구소. 2019.『디코딩 라틴아메리카』. 지식의날개.

서울대학교 서어서문학과. 2018.『스페인어권 명작의 이해』. 서울대학교출판부.

송경동. 2009.『사소한 물음들에 답함』. 창비.

시드니 민츠. 1998.『설탕과 권력』. 김문호 옮김. 지호.

신현준. 2003.『신현준의 WORLD MUSIC 속으로』. 웅진닷컴.

신형철. 2008.『몰락의 에티카』. 문학동네.

오가와 이토. 2010.『달팽이 식당』. 권남희 옮김. 북폴리오.

오형규. 2013.『경제학, 인문의 경계를 넘나들다』. 한국문학사.

요시다 타로. 2011.『농업이 문명을 움직인다』. 김석기 옮김. 들녘.

우석균. 2008.『잉카 In 안데스』. 랜덤하우스코리아.

월든 벨로. 2010.『그 많던 쌀과 옥수수는 모두 어디로 갔는가』. 김기근 옮김. 더숲.

월터 D. 미뇰로. 2010.『라틴아메리카, 만들어진 대륙』. 김은중 옮김. 그린비.

E. 갈레아노. 1999.『수탈된 대지』. 범우사.

이문재. 1999.『마음의 오지』. 문학동네.

이성형. 2003.『콜럼버스가 서쪽으로 간 까닭은』. 까치.

이언 게이틀리. 2006.『담배와 문명』. 정성묵 옮김. 몸과마음.

장석원. 2005.『아나키스트』. 문학과지성사.

정혜주. 2019.『옥수수 문명을 따라서』. 한국학술정보.

조르조 아감벤. 2008.『호모 사케르: 주권 권력과 벌거벗은 생명』. 박진우 옮김. 새물결

조르지 아마두. 2007.『가브리엘라, 정향과 계피』. 안정효 옮김. 서커스.

조앤 해리스. 2004.『초콜릿』. 김경식 옮김. 열린책들.

주경철. 2008.『대항해 시대: 해상 팽창과 근대 세계의 형성』. 서울대학교출판부.

주요섭. 2000.『구름을 잡으려고』. 좋은책만들기.

진은영. 2008.『우리는 매일매일』. 문학과지성사.

카트린느 벨르. 2008.『초콜릿을 만드는 여인들』. 허지은 옮김. 작가정신.

체 게바라.『체 게바라의 모터사이클 다이어리』. 홍민표 옮김. 황매.

캐럴 오프. 2011.『나쁜 초콜릿』. 배현 옮김. 알마.

케네스 포메란츠, 스티븐 토픽. 2003. 『설탕, 커피, 그리고 폭력』. 박광식 옮김. 심산출판사.

크리스토퍼 맥두걸. 2016. 『본 투 런 Born to Run』. 여름언덕.

파스칼 메르시어. 2014. 『리스본행 야간열차』. 전은경 옮김. 들녘.

Adorno, Rolena 2000. Guaman Poma : *Writing and Resistance in Colonial Peru*. Austin: University of Texas Press

Arce, Christine B. 2016. *Mexico's Nobodies: The Cultural Legacy of the Soldadera and Afro-Mexican Women*. New York: SUNY Press.

Casas, Bartolomé de las. 1876. Historia de las Indias, vol. 4. Madrid: Ginesta

Esquivel, Laura. 2001. Between Two Fires: Intimate Writings on Life, Love, Food, and Flavor. New York: Crown Publishes.

Ferrer, Calica. 2014. De Ernesto al Che. Buenos Aires: Editorial Marea.

Funes Monzote, Reinaldo. 2008. From Rainforest to Cane Field in Cuba. translated by Alex Martin. Chapel Hill: The University of North Carolina Press

Grandin, Greg. 2010. Fordlandia: The Rise and Fall of Henry Ford's Forgotten Jungle City. New York: Metropolitan Books.

_____. 2019. The End of the Myth: From the Frontier to the Border Wall in *the Mind of America*. New York: Metropolitan Books.

L. McNeil, Cameron. 2009. *Chocolate in Mesoamerica: A Cultural History of Cacao*. Gainesville: University Press of Florida.

Martínez, Victoria. 2004. "Como agua para chocolate: A recipe for Neoliberalism". *Chasqui*. No. 33.

McD. Beckles, Hilary. 2016. *The First Black Slave Society: Britain's "Barbarity Time" in Barbados*, 1636-1876. Jamaica: University Press of the West Indies.

Miller, Todd. 2019. *Empire of Borders: The Expansion of the US Border Around the World*. London: Verso.

Poniatowska, Elena. 2014. *Las Soldaderas: Women of the Mexican Revolution*. El Paso: Cinco Puntos Press.

Raúl R. Ruiz, Martha Lim Kim. 2000. *Coreanos en cuba*. Habana: Fundación Fernando Ortiz

Roy, Moya. 2002. Cuban Music: *From Son and Rumba to the Buena Vista Social Club and Timba Cubana.* New Jersey: Markus Wiener Publishers.

Salas, Elizabeth. 1990. *Soldaderas in the Mexican Military: Myth and History.* Austin: University of Texas Press.

Sinnigen, John H. 1995. "Como agua para chocolate: Feminine Space, Postmodern Cultural Politics, National Allegory." *CIEFL Bulletin.* 7.1-2.

Sublette, Ned. 2007. *Cuba and Its Music.* Chicago: Chicago Review Press.

Williams, Eric. 1984. *From Columbus to Castro: The History of the Caribbean 1492-1969.* New York: Vintage Books Collection.

_____. 1994. *Capitalism and Slavery.* Chapel Hill: The University of North Carolina Press.

Wu, Harmony H. 1997. "Consuming Tacos and Enchiladas: Gender and Nation in *Como agua para chocolate*" in Chon A. Noriega(Ed) *Latin American Cinema and Video.* Minneapolis: University of Minnesota Press.

EL MUNDO
DE
LATINOAMÉRICA

대체불가 라틴아메리카

초판 1쇄 발행 2021년 1월 20일

지은이 장재준

펴낸이 박선영
디자인 이다혜
일러스트 STUDIO BAMBOO
교정·교열 김수영
마케팅 이경희
제작 제이오

펴낸 곳 의미와 재미
출판신고 2019년 1월 30일 제2019-000034호
주소 서울특별시 마포구 마포대로24길 16, 116-304
전화 02-6015-8381 **팩스** 02-6015-8380
이메일 book@meannfun.com

ISBN 979-11-972582-1-3(03950)